中公文庫

動乱の蔭に

川島芳子自伝

川島芳子

中央公論新社

川島芳子女士の横顔

東洋のジャンヌ・ダーク、川島芳子女士に、私が初めてお目にかかったのは、今度の事変が起って間もない頃であった。ところは北京東単無量大人胡同の女士のかくれ家である。ちょうど立秋を過ぎて三日目位に当る日で、晩上玉の花の出盛るところであったように思う。

あまり広くはないが、瀟洒な感じのする応接室、そこに置かれてある日本と支那と西洋とを適宜にとりまぜた調度にも、女士の趣味の豊かな一面が窺われた。殊に、私を愉しませたのは、家扶が運んで来た莨盆に、晩上玉の純白の花弁が薫香を散じて居たことだった。マントルピースの上には、貴公子然たる軍服姿の金司令時代を偲ばせる引伸し写真が飾りつけてあった。

時間は、もう夜半の十二時を過ぎた頃であったように記憶している。もっとも、北京の所謂新秒(原文ママ)は、日本の標準時間であるから、十二時は十一時に当るわけだ。それにしても、訪問時間を無視したやり方で、われながらひどく非礼のように考え、恐縮していたのであるが、女士にして見れば、静かな夜更けに心ゆくまで、抱負を語りたかったのであろう。面会時間を十二時に指示したのは女士自身であったのだから――。

やがて、応接室へ現れたのは、男装と思いきや、踊り子のように短いスカートをヒラヒラさせた女性姿の川島芳子であった。洗練された物腰で、しかも鮮かな東京弁で、日支の将来を説き来り、説き去った。その抱負と経綸(けいりん)には、幾多の傾聴すべきものがあったのを覚えている。

辞して帰ると、ひとり私は考えた。何という、あけっぱなしな人間であろう。世の誤解はこうした開っ放しな性格故に生れるのだ。そして、あらぬ誹謗までも立つのだと。

それから二三日後、朱の牌楼に颯々と秋風の満つる宵のことであった。東長安街の槐樹の並木の中に、白亜の巨体を埋めて建つ北京飯店の屋上で、数多の外人連がダンスに打興じていた。折柄、降り濺(そそ)ぐ月光を満身に浴びて、踊り狂う人間の群れ、――まるで、それは蒼海樹林の波のうねりのようにさえ思われた。恍惚として、この情景に見とれていたが、私の視線は自然に、緋のイブニングをまとった颯爽たる一人の女性に吸いつけられて行った。彼女は渦巻く奏曲につれて、人魚のように美しい姿態を描き出している。私の側にいる友人は、私の耳もとに口を寄せて、あれが川島芳子だよと囁いた。女士がこうした社交場裡の花形なることを、私は目のあたり眺めて、口八丁手八丁、その万能ぶりに驚かされた。

その後、私は北京の厚生医薬塾に寄偶するに至って、女士としばしば会見したが、昭和十三年の暮、自叙伝出版について相談し、私が祐筆となってまとめることに話がきまった。しかし無精者の私は、荏苒（じんぜん）日を重ねるのみで容易にこれに手を着けなかったのである。

昨年早春のころ、天津の東興楼（トンシンロウ）に赴き、ここに約一ヶ月間滞在した。女士はそれより前、不慮の遭難のため負傷して、共立病院にて手当を受け、奇蹟的に快癒して退院、前記の東興楼で静養中であった。私は同じ屋根の下で生活し、女士の日常を観察したが、女士の人物については何一つ摑むことが出来ず、不可思議なる存在としか解することが出来なかった。

その当時の女士は遭難以来、またも男装に還元し、外出する時には、多く紺堅縞の背広をまとい、頭には繃帯をまいて、無帽であった。久保村という看護婦上りの若い日本娘が、側につき添っていて、何処へ行くにも離れなかった。

私が北京へ去って後、久保村は女士のところから逃げ出してしまったそうである。

上海時代以来、影の添うごとく、帯同していた千鶴子という女も、幾度か出たり戻ったりしたそうだが、久保村は出たっきりで、その後、女士が北京へ移ってからも、ついに姿を現さなかった。しかし、女士は一言半句も、久保村について怨みがましいことをいわず、寛大な態度をもち、何時かは古巣が恋しくなって帰って来るだろうと、逃去ったものへ、かわらぬ情愛をかけていた。

私が北京を出発して、一路、東京へ向ったのは、熱風の吹く暑い日だった。私は女士の住居である、東四九条胡同の広壮な邸を訪ね、滞在中の好意を謝したが、女士は私のために、好物の麺をつくって御馳走してくれ、種々援助を与えられた。その親切さには、無条件で頭が下った。そのころになって、漸く女士の全貌が、おぼろ気ながらも、私には理解出来たのである。

しばらく時間と距離とを置いて観察したため、前にはあまりにも側近にいて、目を蔽うばかりで何も見えなかったものまでも、判然として来たわけであった。しかし、女士を理解出来かけた時、私は日本へと帰来せねばならぬ状態となり、返すがえすも遺憾でならない。世のことたるや、すべて皮肉なものである。

さきに、私は東洋のジャンヌ・ダーク、川島芳子女士と述べたが、これは世評をそのまま借りて来たに過ぎぬ。女士が東洋のジャンヌ・ダークであるかどうかは、この女士の半生を物語る自叙伝が、最も雄弁に物語っていると思う。敢て私が説明するまでもあるまい。

　由来、自叙伝であるとか、自伝小説などの類は、その人のあり来し方をそのままに、赤裸々に伝えるものではない。多くは、衣服をまとって登場する。この一書もまた、有体にいえば、その範疇を出たものとは思われぬ。しかし、何処に一糸まとわぬ真裸になってまで、観覧に供する物ずきがあろう？　ことの良否は論ぜず、人前に出るには、多少の粉飾は常識である。自叙伝に於ても、化粧した姿で登場することが、咎めらるべきものでないと信ずる。従って、川島芳子女士のあり来し方を詮索するには、自叙伝以外に求めるのが賢明だということになる。だが、ここに描き出された化粧せる姿は、別な川島芳子だとはいえない。その数奇を極めた半生は、小説以上の事実であって、東洋の過渡的時代に花咲いた悲劇の主人公としては、あまりにも現実に即し過ぎる。

　男装の麗人と謳われ、大陸の妖姫と風評され、幾度も死線を突破して、今尚、大陸の一角に、牡丹の花のごとく、豪華な歩みをつづけている。女士は非凡の女性であり、ある意味では、確かに稀代の天才的存在である。その聡明叡智は、誰しも認めないでいられないであろう。

或るとき、女士がこんなことをいったことがある。日本女性の中には、ジャーナリズムの上で騒がれたものは多いが、自分ほど永い間、騒がれているものは少ない――と。私はそれを聞いてなるほどと感心して、何が故に、そうなのかを考えて見たが、それは要するに、永遠に新しい女性なるがためだという結論に達したのであった。それほど女士の存在は新しい世界の驚異なのだ。

私は、もうこれ以上、女士について語ることを止めようと思う。ここで女士を論ずることが目的ではないからだ。この一書が広く読まれて、興亜の聖代に、こうした驚異の存在のあることに、深く思いをいたして貰えば、望外至極である。

皇紀二千六百年初頭

伊賀上　茂

目次

動乱の蔭に

川島芳子自伝

春の渤海湾（ぼっかいわん）——生い立ちの記

幼いときの追憶

ふと、眠りから覚めると、哀調をおびた子守唄と、ざア、ざアと、波が舷側（げんそく）をあらってくだける音とが耳についた。そして、私を強く抱いていてくれる侍女の眼には、涙がうかんでいた。

「なぜ泣くの、どうしたの？」

何も知らなかった私が無心に訊くと、

「お姫さま、お姫さま……」

と言ったきり、侍女は一層はげしく咽び歔欷（なく）のであった。はらはらと落ちる涙が、私の顔に当って、其処（そこ）がぼーッとあつかった。

幼いときの事の追憶に、いつも蘇ってくるシーンはこれである。うぶ湯の匂（におい）を覚えて居る者が、まれにはあるそうだが、私の追憶に蘇ってくるものは、このシーンと、ペンキと潮風と体臭との混淆した、あの一種特別の船室（キャビン）の香である。やっと呂律（ろれつ）が調いはじめた頃の出来事である。これは、私の一族が北京の王府（邸）を脱れて、父、粛親王の亡命先である旅順へ渡る渤海湾上の思い出である。

私の幼時の記憶は、この船室の香と、侍女の涙が頬にあたって、ぼーッとあつかったことからはじまるのであるが、どうして北京の王府を脱れて旅順へ渡らなければならなかったか、何故侍女達が泣いていたかについて、書かなければならない。

勿論、これは後になって、人の話を聞いたり歴史を調べたりして分ったことであるが、自分が、どんな環境に生れ育ったかの説明にもなるので、敷衍して書いてみることにする。

父と養父

それには、まず父や養父のことから先に書かなければならない。父の祖先は大清帝国を開いた元勲の一人、太宗の第一子で、満洲朝廷の基礎を築くために、蒙古や、朝鮮に遠征し、陝西や四川の各地に転戦し、山東省を征服した、智勇兼備の勇将で、本来なら皇位を継承すべきであったが、四囲の権力の軋轢が禍して不幸な獄死をとげてしまった。しかし後になってその功績が認められて粛親王に封じられた。父はその十代目の王子として生れた。

父には、二十一王子と十五王女とが有って、自分はその数多い兄妹のうちの第十四番目の女として生れ、本名を金璧輝ということになっている。

父が二十九歳のとき日清戦争が起った。この戦いに清国が大敗して以来、各国は先をきそって支那大陸へ侵略の手を延してきた。この結果は、各地の団匪が、手に手に兇器を持ち「扶清滅洋」の大旗を押立てて、外国人に不穏な態度を示した。列国はこれが対応策として防戦の計を進め、日、露、米、伊、仏、英、独等の各国駐在兵が、それぞれの部処を定めて警備にあたった。これが所謂、義和団事件といわれるもののはじまりであった。西太后と光緒帝はともに北京の難を西安に避け、父の粛親王もこれに扈従して往くことになった。母や、当時病床にあった祖母や私達兄妹の事など顧みる暇もなく、父は忠勤を励んで王事に努めたのであった。

この事件が、父と、後に私の養父となった川島浪速とを結ぶ直接の機会となったのである。

北支那の擾乱

北支那に擾乱が起きると、日本陸軍では、臨時派遣隊を送ることになった。外国語学校を出て上海や満洲に遊び、早くから日本の大陸進出に並々ならぬ抱負を持っていた養父はこのとき陸軍通訳官として従軍した。

明治三十三年六月二十六日、日本の増援隊は太沽（ターク―）へ上陸し、養父の川島は、この時武久（たけひさ）大尉の指揮する先発隊に従って天津攻略に向った。列国軍の先頭を切って進んだ日本軍は、越えて八月中半には、北京安定門外の戦闘に加わり、十七日には万寿山離宮を占領するに到った。

北京が列国軍の手中に治められたとき、華麗をきわめた宮殿紫禁城の一廓には日本軍と独逸軍とが迫っていた。連合軍はこの紫禁城を完全に攻略しなければ、北京占領の意義を没却するというので、即刻紫禁城攻撃を主張した。殊に独逸軍の鼻息が強く直ちに砲撃にうつる気勢さえ見えた。しかし、日本軍は、列国軍と見解を異にしていた。対支同情の建前もあり、あの華麗な紫禁城が、砲煙弾雨の中に曝（さら）される時の悲惨を見るに忍びないものがあったからだろう、心ある軍の幹部達は攻略論に反対して、寛大な態度を示し、その降伏の時を待つことにした。

城内には清帝室の貴妃、官女等百余名、それに宦官、護軍（宮禁兵）合せて約三千が門扉を固く鎖して籠城していた。城門は閉ざされ、交通は全然遮断されているので、限りある糧食のつきるまで、降伏の日をまてば、日本軍が期待するような無血占領の実を挙げることが出来ない限りもない。しかし、此処でいたずらに攻略の時を遷延すると、独逸軍側が、いつ砲撃を開始するかもしれないので、日本軍幹部は板ばさみの形で当惑していた。このとき、川島は決するところがあって軍司令部を訪ねた。

「私に、紫禁城の件をおまかせ下さい。」

自信たっぷりの態度で、川島が申出たので、

「では何分……。」

と、いう事で、一切をまかせることになった。

川島は単身、神武門に出向いて行った。閉ざされた門扉を隔てて宮禁兵の将校と相対した養父は、

「自分は何れへ組する者でもない、極めて自由な立場から、公平に考えて見ても、目下の状態ではこれ以上の籠城は不利だと思う……。」

と懇々と城外の情況を説いた上、

「もし自分の愚見が容れられるなら一刻も早く開城の準備にとりかかって貰いたい。」

とつけ加えた。

この川島の言を容れた城内では、翌朝東華門を開いた。かくて、平穏な手段で所期の実をあげた川島は、宮内監督に命ぜられ、城内を整理し、器物や建物まで保護して廻った。紫禁城以外の宮殿や王府は列国軍の掠奪と砲撃にあって、ひとたまりもなく

灰燼に帰してしまったのに、此処だけは日本軍の厚意ある態度と、川島の計いで戦禍から免がれたのであった。

西太后や帝の蒙塵先（もうじんさき）である西安に着いた父の粛親王は、勅命を帯びて、再び北京へ情況視察の為に帰った。帰って見ると日本軍によって城内の秩序は保たれ、北京市民は日軍の公明、仁愛に感泣していた。

そこで、父は三條胡同の軍隊宿舎で警備にあたっていた養父を訪問して、感謝の意を表し、親しく懇談を交えた。

事変が落着して、光緒帝や西太后は昔のままの紫禁城へ戻ることが出来たのだった。

西太后の心

この乱が平定して、父は崇文門税務衛門監督に任ぜられた。

この官職は北京にある西方の門から城内に入る諸物貨のうち生活必需品を除く酒、煙草、宝石等からの収税を監督するもので、種々と収入（みいり）が有るところから当時羨望の的となっていた官位だった。

父をこの官位につけた西太后の心のうちは、先頃の義和団事件で、粛親王家は財政的に非常の損害を蒙ったから、これによって、多少財政上の補いにもならば、という考えもあったかも知れないが、清廉潔白で寡慾な父は、税収の成績はあげたが、僅かの臨時収入さえ受取ろうとはしなかった。

　先に立つものがこのような態度だったので、部下達は賄賂を取ることも出来ないし臨時収入もないので不平満々だった。この部下達と、父の栄転をひそかに羨やんでいた人々との讒訴（ざんそ）にあった父は、間もなく職を解かれることになった。

　父は四十一歳の光緒（こうちょ）二十二年に理藩院管理事務大臣に任ぜられ、内外蒙古及び西蔵（チベット）の統轄に、大いにその実をあげた。

　その後間もなく各国は撤兵することになった。この機会に父は日本軍司令官山口素臣氏に乞うて、日本側の警務衛門事務官だった養父川島浪速に残って貰って、支那の警察制度刷新を依嘱したいという交渉を進めた。幸にこの乞いは日本側の容るるところとなり、養父は北京に止って、北城警務処を創設して警察官吏の指揮にあたる一方、警務学堂を設立して巡捕の養成に努めた。後に、警察事務の統一充実を計る為に工巡局事務大臣が置かれる事になり、父の粛親王はこれに任ぜられた。

　こうした機会から父と養父との親交は一層深くなった。

義兄弟の誓い

明治三十九年も押しせまった師走のある朝、北京には珍らしい大雪だった。

「――別に用件という程の事もないが、今朝は珍らしい大雪だから興に乗じて飛び出して来た、ゆっくり半日閑談でもしようか。」

と父は、養父を訪れた。

暖炉を囲んだ二人は、日頃抱いていた東亜の経綸を腹蔵なく談じ合った。

「支那はどうしても日本と提携して行かなければ自国を保全することも、東亜の大局を安定させることも出来ない。また日本は、将来の発展の為に支那と互恵合作を進めて行かなければならない。」

二人の意見は完全に一致を見たのだった。

「余は卿と、ここまで理想が一致しているのだから、国と国とが提携して行く前に、まず人と人とが提携して行くことにしよう。その意味で、ひとつ卿と余と兄弟の義を結ぼうではないか。」

「兄弟の義と言っても、殿下と自分とではとうてい釣合いがとれません。」

「いや、その御意見は日頃の卿にも似つかぬ俗論ではないか。親王とかいうものの所詮は人爵に過ぎないものである、人間にとって、一ばん貴ぶべきは天爵ではないか、天爵から見れば卿は余の及びもつかぬ高位にいる筈だ、世に忘年の交りというものがあるが、忘爵の交りというものもまたあってよいではないか。」

熱心に父は兄弟の義を結ぶことを主張した。其処には片々たる個人的利害得失を遠く超越した人間的愛情と誠実とが有るばかりだった。二人はお互の誠実と真情に感激して、義兄弟の誓を結ぶことに決した。

父は寅年八月の生れ、養父は丑年十二月の誕生で八ヶ月ばかり歳上だった。しかし兄貴になりたくなかった養父は、

「私は寅年の十二月生れで、四ヶ月程弟になりますよ。」

と言って養父が弟格になったのであった。

紫禁城の悲しみ

私は此処まで書いてきて、自分の生い立ちの記を書く筈なのに、父や養父のことや、清朝末期のことを書き過ぎて横道へ外れていはしないか、と考え及んだのであるが、擾乱、暴動、革命、反革命と相続く清朝末期のことは、日本の幕末史を繙くと等しい程に、種々の意味で深い関心が持たれることと思われるので、もう少し書かして貰う

ことにする。

明治四十一年の十一月、光緒帝と西太后とが殆んど同時に御病篤し、という悲報が伝わり、紫禁城内は悲しみにみちていた。

光緒帝にはお世嗣がなかったので、宮中では、直に皇嗣を定める為の皇族、重臣達の会議が開かれた。

当時宮廷の間には幾多の勢力争いがあり、粛親王や張之洞(ちょうしどう)一派が溥儀(ふぎ)王子を挙げると、慶親王(けいしんのう)一派はこれに対して倫貝子を推して、互いに相対峙するといった有様であった。

しかし「光緒帝の弟君醇親王載灃(じゅんしんのうさいれい)殿下の長子におわす溥儀王子を推戴する事こそ、最も当然の順序である。よし、そうした皇統の順序をはなれて考えたにもせよ、大清帝国皇帝たるべき王者の徳を備えたもう者、溥儀王子を措いては他に何人に求むべきであるか……。」というような主張が、やがて勝利をしめて、宮廷会議の結果、溥儀王子が皇太子に決定せられ、直に立太子式が挙げられた。光緒三十四年（明治四十一年）十一月十三日のことである。

翌十四日午後八時三十分には光緒帝が崩ぜられ、溥儀皇太子は直ちに御践祚になった。御歳僅かに三歳の幼君であったので父君、醇親王が監国摂政の任に就いた。新帝御即位と共に年号も「宣統」と改められ、すべての大政燮理を摂行するものは摂政の醇親王であった。

袁世凱の親米策蹉跌

光緒帝の崩御と時を同じくして西太后が崩ぜられると、今まで内訌していた清朝内部の軋轢暗闘が、北京政府の大官連にも波及し、権謀、術策の乱れ飛ぶ乱脈ぶりとなった。

これより以前に軍機大臣に任ぜられていた袁世凱は、自己の勢力扶植に努め、機を窺って画策にふけっていた。彼は唐紹儀と共に親米策の実現を試みていた。これは、日本の東三省に於ける勢力を挫くと共に、内には政敵を辟易させてしまう一石二鳥の策だった。

しかしこの袁の策動は、

「日本の東三省に於ける勢力は未だ深甚なるものではない。この問題は日本との外交的談判によって解決し得るものである、然るに袁世凱は米国と結び彼の莫大な富力を満洲に蔓らさんと画策している、もし米国をして満洲に進出せしめれば、日露両国以上の堅牢な根底を築き、清国をして苦境の深淵に陥らす原因ともなるであろう。清国の対外政策は、袁一派の採るが如く一国と提携すべきではない、内憂外患引続き惹起し国歩艱難(かんなん)を極めている現状よりすれば、列国に対して不離不即の外交方針を採らねばならぬ。」

という反対論の台頭にあって頓挫してしまった。

袁世凱は醇親王摂政就任後も軍機大臣の職にあった。しかし、親米策に蹉跌してからは、だんだんその権力を削減され、不遇をかこちながらも時の到るのを待っていたが、遂にその志を得ず、上諭によって北京を追われてしまった。

袁世凱放逐の上諭発表は、支那全土に非常な動揺を与え、世論紛々として、袁世凱は暗殺されたのではないかというような流言蜚語(ひご)が乱れ飛んだ。

この袁世凱放逐は、満漢人間に一つの大きな溝をつくってしまった。その上尚悪いことは、今まで満漢人間の感情融和に努めていた張之洞が病没してしまったことである。

革命軍の蹶起(けっき)

一方、全国を風靡していた国会開設要望の声は、幼帝御即位後も、日一日として高まってきた。

袁世凱が免黜(めんちゅつ)され、張之洞が病没後の宮廷に於ては漢人側の勢力が失墜した。内閣制度が出来ても、十三名の大臣中漢人側の勢力は僅かにその三分の一にも足りないことが一般に知れ渡ると、久しく鬱積していた漢民族の満洲民族に対する反感が、焔の如く燃え上った。

これらの反感は、国会開設（宣統三年四月）後も、利権回収運動や、鉄道幹線国有令に対する反対運動の形となって、次第に険悪な空気をはらんでいた。

また、民主共和を提唱して立った革命党は各地に潜行して兵を挙げ、幾度かの失敗処刑にも懲りず活動を続けていた。殊に、宣統三年（明治四十四年）十月十日夜、武(ぶ)昌(しょう)に蜂起した一群は総督を走らせ、中華民国政府樹立に成功し、清朝の社稷(しゃしょく)は暴風を前にした一抹の燈にも等しい存在となってしまった。

この革命軍の蹶起に狼狽した清朝宮廷には、袁世凱を再用して動乱の処理に当らしめようという意見が台頭しはじめた。

また北京外交団の見解も、袁世凱の腕に俟たなければなるまい、ということであった。

三年前公館の裏門から身をもって脱出し、悄然北京から姿を消した袁世凱は、その後、河南省彰徳府郊外の養寿園に隠遁し、清朝が革新や革命の動揺に苦しめられ、次第に難局に陥って行くのを見て、心ひそかによろこんでいた。

清朝の禁衛軍ともいうべき北方部隊に、かねて私恩を売って、これを自家薬籠中のものとしていた袁は、心ひそかに待ち構えていた革命軍討伐の命を受けると、必要の度を超した軍費を要求し、たださえ疲弊していた清朝の財嚢(ざいのう)を絞って、かねて部下を通じて内通せしめていた革命軍との妥協費に用いたりした。

前内閣は総辞職となり、袁世凱が内閣総理大臣となって北京に乗込んできた。

彼は革命政府と、満洲朝廷と、外国使臣とを巧みに操って着々自己の野望を充たして行った。

嘗(かつ)て彼を北京から放逐した醇親王は袁の勢力に押されて、監国摂政王の退位を余儀なくさせられた。

醇親王を追うことに成功した袁世凱は、次いで皇太后の寵臣、張徳章(ちょうとくしょう)を籠落し、裏面から時艱を誇大に報告せしめて、清帝自ら遜位を決する事こそ、皇室と民とを救う道である旨を言上させ、表面からは皇族の長老、慶親王をして同様の事を言上せしめた。しかも彼自らは、事態斯くの如くである以上、臣の職を罷免されたいとおためごかしの愬(うった)えをなし、皇室をしてますます窮地に陥れた。

この袁の狡猾な心底を早くより見抜いていた蒙古王たち、喀喇沁(カラチン)王、杜爾哈図(トルハト)王をはじめ、那親王、父の粛親王等は、終始一貫袁世凱に対して、硬論を主張して反対を唱えていた。

次は誰がやられるか

これら勤王派の人々は親貴（皇族）大臣の間に同志を募り、飽くまで満洲朝の命脈を支え一死帝室を守るべく、宗社党を組織して活動した。この勤王派の活動も、日に日に高潮し、さすがの袁世凱の立場も一時は危いかに見えた。

がしかし、彼はあくまで狡猾な奸雄であった。その間、或は懐柔策により、或はまた脅迫により、甚しきは暗殺手段によって、勤王派の圧迫、崩壊を計り、北方軍隊や地方民を利用して、あくまで皇位退譲の外なきを主張させ、遂にそれに成功したのである。

清朝の最後の頼みとする北方軍隊が、こうした態度に出るに到ったので、大勢はすでに定まってしまった。

宣統帝は在位僅かに三年、しかも、御年僅か七歳にして早くも廃帝とならせられたのであった。

この頃から、袁の圧迫は父の身辺にも及んできた。宗社党の柱石、良弼は自邸に於て兇漢の爆弾に見舞われ、非業の最後を遂げた。「次は誰がやられるか？」という噂や、流言蜚語は頻りに飛び、北京市街は戦々兢々たる有様だった。父は強く他日を期し、身の危険を避けて旅順へ移った。続いて王府（邸）は袁の派遣した軍隊の包囲を受けたので、家族のもの全部は裏門から一まず、すぐ近くにあった川島邸へ逃れ、機会を見て父の後を追って旅順へ移ったのであった。

春の渤海湾

私の、幼時の追憶に蘇ってくる最初のものは、この時の、太沽（タークー）から旅順へ、春の渤海湾上を渡る汽船の中のことなのであった。

生い立ちの記を語るのに、直接それと関連のない方まで、話は大変横道に外れたようであるが、これは、自分がこの世に生をうけた前後の複雑な社会、環境の説明の心算（つもり）でもあった。

さて、旅順に移った私達は、昨日と変る簡易生活に入った。

旅順の宿舎は白王山の西の方にあった。これはもと露西亜の客舎であったが、日露戦役後、日本の所有になったものだということである。私達が此処へ落ちつくことが出来たのは、養父の計いと、関東都督府の厚意とによってであった。

褐色の煉瓦でつくった二階建の窓からは、旅順の市街が、海の方までよく見えた。家の前には伐り開かれた庭があり、表通りとの間には鉄格子の門がついているかなり広大な邸であった。

しかし、家族だけでも四十何人という多人数の一家だったので一室に二、三人ずつ住まなければならなかった。

着物や肌衣や靴下等は母や姉達の手でつくり、室内の掃除や庭の手入れなどは上の兄や姉達の仕事としてあてがわれていた。

食堂・学校・会議室

この旅順時代のことで、現在でもよく覚えているのは、父の普陀(ふだ)の麦飯の話である。その頃旅順の家には大食堂があって、三度三度の食事は、振鈴を合図に各自の室から其処まで出て行ってすることになっていた。何しろ五十人近くの一家の者全部が、各々の室から出向いて行って一堂に会食するのだから相当にぎやかなものだった。この食後の席が、そのまま家族会議の席になったり、父のお話の会になったりすることがよくあった。父の十八番は、この席で、「普陀の麦飯」の故事を話すことだった。

「……宗社は既に滅亡してしまった今日、我々は一家離散の悲運に遭遇することもなく、こうして一堂に団欒して生活を送って行けるのは、まったく望外の幸福と言わなければならない、各自が自用をたすに足りる手足をもっていながら、今までは徒らに他人の手足を借りて用を弁じて来たのは、寧ろ天道に適合しない恥ずべき生活であったとも言える。現在の生活は、昔日に較べれば不自由勝に思えるかもしれないが、これこそ、真実に天道にかなった生活なのである。昔、漢の高祖が自ら軍を率いて西楚都彭城に迫ったが戦いは利あらず、反対に敵軍の重囲のうちに陥ってしまったことがある。そのとき高祖は暴風雨にまぎれて身をもって重囲を脱れ、普陀河の岸に野宿して百姓のくれた一握りの麦飯と、河の水とで饑渇を凌がれたことがある。高祖は、それから間もなく再挙して天下一統の大業を成就したのであるが、あの時の、一握りの麦飯に饑を凌いだ高祖の心を、各自の心として日々を生活して行けば現在の生活など不自由も不足もない筈である。僅かの環境の変化に負けて、将来大業を為しとげなければならない、質実剛健、豪放不羈の精神を自ら矯める程愚かな事はないから、皆のものも決して、僻んだり、萎縮けたりしないように心がけることが何よりも大切である……」

と、いうのが、父の「普陀の麦飯」の話だった。

父は、環境の変化の為に子供達を萎縮けさしてはならないと、種々と苦心していたようであった。

その頃の父は、この大食堂を教室にして、子供達の教育に専心していた。読書、手跡等は父の受持。日本語、数学は日本人の教師。体操は、第三番目の兄が北京警務学堂で習得した兵式体操、というように受持が定められていた。勉学、遊戯、作業、入浴等はすべて規律的に行われて、少しでも之を紊乱するようなことがあると、やかましく言われた。

七歳の夏

七歳になったときの夏のことだった。日本へ留学して、川島の赤羽の家に寄寓していた兄の金璧東が旅順へ帰ってきた。

私達は久方振りで東京の話が聞けるので喜んで、食堂へ集まった。

兄は、第一次満蒙独立運動挫折後東京へ戻った川島の様子等を詳しく話した後、

「——と、いうようなわけで、日夜寝食を忘れて第二次運動の準備をしている様子なのですが、どうも……。」

と、その後を言いしぶった。

「どうも、どうしたのだ……。」

「先生は、家を忘れたようにして、運動に熱中しているし、奥様は、子供が無かったりするので、淋しさもあるのでしょうか、家庭的に恵まれて居りません様子で……。」

兄が言いにくそうに語ると、

「うむ――。」

父は深く頭をたれて暫く考えていたが、やっと顔を上げて、

「璧輝(ぺきき)、其方(そなた)は、川島のおじさんの子にならないか。」

すぐ父と向き合っていた私に訊いた。

一緒にいた兄妹たちは、あまり突然の父の言葉に、驚愕(おどろ)いたようにしていたが、私は即座に、

「川島のおじちゃんの子になるのうれしいなァ。」

と答えて、驚いたような視線を、私に集中している兄や姉達の顔を見返してやった。

「うむ、じゃあ金璧輝を風外（川島浪速の号）にやろう、なあ皆よいだろう。」

父が母の方を見ながら皆んなに諮った。

母は、私が無邪気に東京へ行けることを喜んでいる様子を見て、

（皆さまのよいように。）

と、いう意味を眼だけで答えていた。

後で思い到ったことであるが、その眼には愛情にあふれた涙が泛(うか)んでいたようであった。

それで一切の話がきまって、父は東京の川島夫妻に宛てて手紙を書いた。

(一別来の消息は金璧東から訊いた――、君に玩具を進呈しようと思うがどうだ、可愛いがって貰えれば幸いだが――。)

父らしい、闊達のうちに真情のこもった手紙だった。

東京からは、よろこんでお迎えする、という返事が折返しにきた。

日本へ、東京へ

朝、眼を覚すと、船室(キャビン)の中だった。

(おや、北京の擾乱を脱れて、旅順へ渡るときの夢を見て居たのではないか、あのほんの赤坊だった頃の船室の夢をよく見るから――。)

と、思いながら瞼をこすって、四辺(あたり)を見ると、

「お眼ざめですか、日本へ、東京へ行くんです。私達が一緒にあちらまでお見送り致します。」

通訳の夫妻が、狭い寝床に仰向けになって、万歳をする時のように両手を毛布から

突出している私を見て言った。

父は、別れるときの、あの何んともいえない哀愁を、知らせたくないと思って、睡っている間に、私を夜航(やこう)の船に乗せたのだった。

私と通訳夫妻との三人が、下関へ着くと、東京の川島家からは、見迎えの者が来ていた。

旅館の一室へ案内された私は、支那の童服から、友禅縮緬(ちりめん)の着物に着がえ、髪も日本風のお河童になっていた。

それから、東京へ着いた私は、川島浪速を養父と呼び、福子おばさまのことを養母(はは)というようになり、名も芳子と日本風によばれるようになったのであった。

以上が金璧輝としての、私の生い立ちの梗概(アウトライン)である。

少女の頃の雑記帳——その後の生い立ち

赤羽の養父の家から、豊島師範学校の附属小学校へ通っていた頃のある夜、私は買ったばかりの新しい雑記帳の最初の頁から、最後の頁まで、

ジャンヌ・ダルク
ジャンヌ・ダルク

と、いう文字でうめてしまった。無意識のうちに手が動いて、ノートが、鉛筆の跡で黒くなってしまったのである。

泣きながら「め」の字を書いたり、考えながら「の」の字を書いたり、じっと一つのことをいつまでも思い続けているときなど、手が無意識に動いて、とりとめもない行動を取ることが時には有るものだが、この場合もそうだった。

その日、学校の帰途に買った、「ジャンヌ・ダルク孤忠史譚」という本を、夜の十時頃までかかって読み了り、（私も、ジャンヌ・ダルクになりたいな）と考えながら、

そんなことをしてしまったのであった。

　フランスの片田舎ドムレミー村の、十六になったばかりの一少女が、祖国の危急を知って白馬に跨り、自ら陣頭に立って、すでに敵手に陥たオルレアンの地を奪還して敵軍を潰走せしめる勇敢な姿が眼の前にちらついて、何時までも眠れないで机に向っていた。

　翌日、睡い眼をこすりながら学校へ行った私は、ジャンヌ・ダルク気取で、

「私に三千人の兵隊があったら、支那を取ってみせるんだけど……。」

と、誰彼の別なく言いふらして、得意になっていた。其処へ、私の夢の攪乱者が現れた。

「川島さん、あんた女のくせに、支那を取るなんて、チャンチャンボーだって、女なんかには負けはしないわよ。」

　隆城坊専子（りゅうじょうぼうせんこ）という、いかにも抹香くさいお寺の娘で、常々私と仲のよくない級友の一人だった。

「何ッ！」

　言うより早く私の手が、彼女の頬に飛んでいた。相手は、泣きながら教員室の方へ逃げて行った。私のジャンヌ・ダルクの夢を、ぶちこわしたのも癪だったが、チャン

チャンボーという言葉が気にくわなかった。

おしゃまで、おへつらいもので、意地悪の専子が、泣きながら先生のところへ行ったので、どんなことを言いつけられるか内心では心配になってきた。しかし、暫くすると、叱られる前に、打ったときの気持を率直に訴えて、甲には乙の悪口を言い、乙には甲のかげ口をきいて、二人を根のない喧嘩にまきこみ、自分はかげの方で、ひとり喜んで居る、というような日常の専子のやり口を先生の前で言ってやろう、と私の覚悟は出来ていた。

やがて十五分の放課時間がきれた知らせの振鈴（ベル）が鳴ったので教室へ入って行った。

「川島さん。」

起立、礼ッと、始業のときのしきたりが済むと、先生が呼んだので、さては、と覚悟をきめて、教壇の方へ進んで行くと、

「隆城坊さん。」

と、おしゃまの原告の方も呼ばれた。

二人を教壇の前へ呼び出した先生は、

「喧嘩は、どちらも悪いんだから、これからは二人とも気をつけるように——分ったら皆さんの前で、今後、絶対に喧嘩はしませんと誓い合いなさい。」

どちらを叱るでもなく仲裁に出たので、二人は、ぺこんと形だけの叩頭をして、先生の言う通りにした。

このことがあってから、公然と、友達の前で、

「……支那を取ってみせる。」などとは言わないようになったが、

(いつかはジャンヌ・ダルクのように陣頭に立って、失われた満洲朝の地を回復してみたい――。)

という考えが、子供心のうちにたかまって行った。

異邦人

養父の一家が赤羽の家を引払って松本へ移ると間もなく、私は久し振りで旅順の家へ帰った。

すっかり日本娘風になって、言葉も北京語を忘れてしまった私を、兄や姉達は驚いたようにして見ていた。

何かを話しかけられても、あの言葉はどんな意味だったろうか、と暫く考えないと返答が出来ない程、昔の言葉を忘れてしまっていた。兄妹達は、語調をゆるめて話してくれるのだったが、とても早言葉に聞えて、どうにもならなかった。このときつく

づく、異邦人(エトランゼ)という言葉が淋しさの代名詞みたいに使われる気持が分った。

（ああ、言葉が通じないと、こんなにまで感情に懸隔が出来るものかな。）と思った私は、自分の実家へ帰りながら、まるで遠い他国の宿屋にでも泊っているような気持だった。

其処で、やっと言葉になれて、家族の人達とも親しめるようになった頃には、もう父の家を後にしなければならなかった。そして、養父と一緒に、旅順から北京へ廻って、半年振りで松本へ帰った。

松本に戻った明る日、学校（松本高等女学校）へ行ってみると、前の唐澤(からさわ)先生がやめ、土屋文明(ぶんめい)先生が校長になっていて、

「学校へ出る前に戸籍謄本を出して下さい……。」

と、いうのだった。そこで私は困ってしまった。川島芳子、と呼ばれては居たものの、正式に籍が入っているわけではなかったからである。籍は父の方にあって、先生が求めるように、川島という謄本は出しようがなかった。仕方なく、養父にこの事を話すと、「前の校長が入学を承諾して置きながら、校長が変ったから改めて戸籍謄本を出せとは何事だ、支那人だから婉曲な方法で復校を断わろうというのだろう、そんな頑迷な校長の居る学校なら、こっちから出席を断わってやれ。」と、養父は怒って私を退学させてしまった。

この時も、つくづく異邦人という感じを味わった。支那へ帰れば、言葉や習慣の上で異邦人扱いにされるし、日本へ戻れば、言葉も、習慣も、精神も、完全な日本人である心算で居るのに、ほんの形式ばった手続上のことで異邦人扱いをされるし、私はどうすれば宜いんだ、と考えさせられてしまった。容貌も皮膚の色も同じの故か、日本へ渡ってから十年近い間、一度も、支那人だというような気持を味わわされた事のなかった私も、この時ばかりは異邦人の淋しさを知らされた。しかし、その時私の心に蘇ってきたものは、あの旅順の家の大食堂の教室で、よく父に聞かされた言葉だった。

「お前達は、支那人でもない、それかと言って日本人でもない。日本と支那を結ぶ楔となる人間だ、日本と支那は相助互恵の道を取らなければならない、お前達は、その柱石になって、いや柱石になれなければ捨石にでも宜い、その為に働かなければならない……。」

この言葉を思い出したとき、闊達な父譲りの心が展けてきて、異邦人扱いにされたことなどすぐ忘れてしまった。女学校の三年のときのことである——。

耳代りのノート

学校を廃した私は、養父のもとで毎日規則正しい生活を送りながら勉強を続けていた。殊に、支那語を忘れてしまって、この前旅順の家へ帰ったとき、淋しい思いをしたので、支那語の勉強に力を注ぎ、英語、フランス語等も、書斎的にかたよらず、ペダンチックに偏せず、という方針でそれぞれの教師について勉強した。

その頃から、養父はだんだん耳が遠くなってきた。若い時代から、上海に、満洲に、蒙古にと、激越な活動を続けてきた過労や齢の為からであった。それで、来客があった時などには、鉛筆とノートを持って、相手の言う事を手早く書き、養父に見せるのも私の仕事の一つになっていた。この頃から養父は、特に厳格になってきた。（規律と忍苦とを重んじ円満で雄々しい風格を作り上げる。）というのが私に対する養父の訓練方針で、勉学と乗馬の外に、家事の分担や、庭の手入等も日課の中に加えられていた。後から考えると、この時代の勉強は、大分力になっている。

特に、養父の耳の代りになって、いろいろな人の談話をノートしたことが、さし迫った必要もなく、将来役に立つだろう位で漫然とやっていた勉学よりも力になっているようである。

馬

東京の女学校から、松本の女学校の三年に転校したばかりの頃だった。私は馬で学校へ通っていた。学校が終るまで、裏庭の、人に邪魔にならない処へつないで置くときもあるし、手の都合で、下男がつれに来るときもあった。そのときは、裏庭へ廻さずに正門を出た処の桜の木につないで置く習慣になっていた。

その日は、下男が後から来る約束になっていたので、いつものように正門の処へ馬を置いた私は、安心して校長先生の修身の講義を聞いていた。

講義がはじまって二十分位した頃だった、廊下の方で、軽い蹄の音がしたと思う間もなく、

「キャーッ！」

と、きぬを裂くような声と共に教室中騒然としてしまった。手綱が解けて、私の馬が入ってきたのだった。

（あッ、これは大変だ！）と思いながら、手綱を取った私は、大急ぎで馬を庭の方へ連れ出そうとしたので、昇降口の下駄箱を倒してしまった。

「妾の靴、どっかへ飛んじゃったわ。」

きた。

「妾のも片方見えないのよ。」

授業を投げ出した生徒達は、履物の洪水を整理しながら、私に各自の被害を訴えて

「すみません、ごめんなさい。」恐縮して謝罪しながらも、

（感心な馬だ、どうして私のいる教室が分ったのだろう、偶然かしら、いや偶然だとすれば もっと昇降口から近い教室に入らないとも限らない、それに、私の室まで来るには幾つも教 室があるのに、外の室の生徒が騒ぎ出す隙もない程早く私の教室へ飛び込んできたのだから、 馬には主人の居る部屋が解っていたに相違ない。）

と、思うと、種類も解らぬ栗毛の馬だが可愛くてたまらなかった。其処へ茶目な生 徒が現われて、

「馬が校長先生のお修身を聞きにくるなんて、しゃれてるじゃないの。」

と言ったので、皆がどッと笑ってしまった。それで、むずかしい顔をして、私と馬 を睨みつけながら、どう処分してやろうと考えていたらしい校長先生の頬までが笑い 出してしまった。お蔭で、馬騒動は「自今馬乗登校罷リナラヌ」という穏便な処分で 落着した。

私はこの失敗に懲りてからというもの、手綱は特に注意して結ぶようになった。

うまについては、もう一つの失敗談がある。

養父の耳がだんだん遠くなり、来客などのときは、私がそばに居て、相手の言った言葉を一々紙に書いて養父に見せる、筆談の耳代り役をやっていた頃のことである。

或朝早く、養父を訪ねてきた壮士風の男が、挨拶も早々に、

「うまがいるんだけどかして貰えまいか?」と、言うのであった。その態度が、実に困った、というように悄然としているので、(何か急用が出来て馬がいるんだな)と考えた私は、可愛い大切な栗毛だけれども貸してやらうと思って、

「どうぞお使い下さい。爺や、馬をこの方に貸してあげなさい……。」

養父に代って私が返事をした。筆談で取次ぐ程のことでもなし、馬は私の専有物みたいになっていたからであった。すると、

「うまはあそこに居るんですが、食わせるものが、その無いんで……。」

相手が言いにくそうに言って、門口の方を振向いた処を見れば、仲居風の女が立っていた。耳が悪い代りに感がよくなっていた養父は、相手の口のうごかし方と、その女を見てそれと察し、

「ああ、あのうまか……。」

と言いながら、呵々と笑い出してしまった。

「馬が入用(いる)んだけど……。」と、「うまが居るんだけど……。」とを考え違いして居た私は、赤面してしまった。

このことがあってから、馬とうまは注意して聞くようになった。

父母あらば遠く遊ばず

「父母あらば遠く遊ばず」私らしくもないと思うかもしれないが、あのときはつくづくそう思った。

忘れもしない大正十一年二月十七日の朝のことである。旅順から、父危篤の悲報があって、松本の家は騒然としていた。養父と私とが行くことになった。旅装や船の都合なんて言っている心の余裕はなかった。行ける処まで、一刻も早く父の居る旅順の方へ近づきたいと思う気持が先だった。支度も早々、玄関を出ようとすると、朝の郵便が届いた。

その中に父から私にあてた一書があった。

「おや、父から手紙？」

うち顫(ふる)える手で封を切って見ると、日本内地の一、二月は殊に寒いと聞いているが、お前は元気かどうか、毎度言うことだが、アジアの楔として将来を生きる為には何をおいても人徳を積む修養を怠ってはならない、主義よりも主張よりも先ず人である。支那の歴史についてみても、何の奇もない施政方針を採りながら、堯舜の治は後世の民からも理想の時代と言われている。これに反して、民主共和の味方のようにして権力を握った袁世凱の施政が、後世理想の治世と言われるかどうか、お前の眼が、まざまざと視た通りである。これは畢竟、堯帝と袁との人徳の相違と言ってもよいものである。この皮肉な対照的事実こそ、人の格を決定するものは、やはり徳だということの好見本である。こう書いたからと言って、女であるお前に堯舜の後塵を拝せという訳ではない、男でも女でも人徳を積むことは大切だという事を言いたい為である――。こんな意味の手紙で、最後に旅順も一同恙がなく元気でいる、と書き添えてあるのだった。

(おや、父は元気なのだ、先刻の報せは何かの間違いだろう。)と考えた私は、出支度を済まして、養母と何かの打合せをしているらしい養父の方へ飛んで行った。

「お養父さん、父は元気で……」と言おうとして、私は、父危篤の報知は電報、恙がなく元気の方は普通郵便であることに気づいたのであった。一寸した錯覚から、とんだ糠喜をしてしまったのである。手紙は電報より、四日も前の日附になって居たのだった。

早々に、養父と松本を発った私は、汽車や汽船の速力が、どうしてこんなに遅いのだろうか、と思った。可能なら砲弾にでも乗って、父の病床に飛んで行きたいとも考えた。

旅順の家につくと間もなく、父は、私達の到着を待ち兼ねたかのように、幽明相隔つるよみじの人となってしまった。人前もかまわず、泣き伏してしまった私は、宗社復辟の宿望もならず、満蒙独立の大計も実現を見ず、七十歳を一期に逝った父の、あれやこれやを偲び、肺腑を抉られる思いであった。

父は、宣統帝より「忠」の諡を賜わり、母はその後を追って死んだ——。

黙劇(パントマイム)の恋

黒姫山荘

――十五歳の夏――。

その頃まだ赤羽の屋敷にいた私達の一家は、夏になると、信州の黒姫山の山荘へ避暑をする習慣になっていた。

その家は養父(ちち)の先代が造ったもので、そう大きくはなかったが、最初から、夏の別荘ということを念頭に置いて造っただけに、暑気を避けて住むには実に都合よく出来ていた。玄関と四つの日本間と庭につき出た一つの洋風の部屋とから成っていて、戸をあけ放つと、どの部屋も樹間を縫って渡るあの特別の匂をふくんだ夏の微風を満喫できるような建前になっていた。

庭を隔てて、すぐ前には越後街道が伸びていた。養父はこの家を、黒姫山荘とよんでいた。山荘での私は、毎日のように、馬に乗ったり野尻湖にボートを浮べたりして暮していた。

或る朝、いつものように、厩（うまや）から栗毛の馬を出して、越後街道を黒姫山道との追分になっている方へ馬首を進めた。Y字路の追分道になっている処へ出ると、いつもとは反対に黒姫山道の方へ道をとった。馬と人とが、やっと通れる位の、狭い径（みち）の両側には、檜や櫟（くぬぎ）の灌木林が展けていて、その下には、雛芥子（ひなげし）、女郎花（おみなえし）等の季節の花が咲き乱れていた。その、野生の花の美しさに見とれて、呆然と立ち停っていた私の耳に、何処からともなくリン、リンという風雅な音の鈴音が響いてきた。ふと見ると、炭を四俵、振分けに積んだ馬が、山頂の方から下ってきた。鈴はその馬の首についているのであった。

自分の馬を、雑木林の中へ乗入れて道を避けた私の視線が、見るともなしに、手綱をとる人に移っていた。馬子は、十八九の青年で、いが栗頭の四肢のがっしりした人だった。

私が待避して居る前を通るとき、その青年は、ぺこんと叩頭（おじぎ）をして、口の中で何か言いながら通りすぎた。私には何を言ったのか全然聞きとれなかったが、おそらく、その人自身にさえ何を言ったのか、はっきりとは分らないのかもしれない——そう思われるほどかすかに、口をうごかして行きすぎたのであった。

私は、その馬子のたくましい後姿が岩かげにかくれて消えるまで見送っていた。

何かを求めながら

翌朝も、晴れた良い天気だった。私は、いつものように馬を乗りだすと、追分の方へ道をとった。例のY字路の処まで出ると、私の馬は、主人の心底を見抜いてでも居るかのように、黒姫山道の方へ首を向けて進んだ。

二、三丁山頂へ登ると、昨日の雑木林の処へ出た。馬は、其処で足を止め、首をたれて、路の芝草を食いはじめた。私も、馬のなすがままにまかせて、手綱をゆるめ、鞍にまたがったまま、四辺の自然のたくまざる美しさに心うばわれたものの如く呆然としていた。心の何処かの片隅で、何かを求めながら、しかも、はっきりそれと、自分にも説明のつかない、妙な気持が、私を昨日の処まで、みちびいてしまったのである。

やがて、リン、リンという、鈴の音が聞えてきた。そして昨日の馬と、馬子の姿が見えた。

「どう、どうッ！」

私は、軽く手綱を捌いて、自分の馬を芝草の中へ乗入れ、荷を積んだ相手の馬が充分通れるように道を譲った。

「………」

馬子は昨日と同じように叩頭をしながら何かを言ったようだったが、語(ことば)にはなっていなかった。体のたくましい感じとは反対に、おとなしいものの言い方だった。おそらく、「済みません。」とか、「失礼します。」とか、もっと簡単な言葉だったとすれば、「お早よう。」とか、そんな種類の言葉を言って、叩頭をしたのだろう、と私には感じられた。

「………」

私も無言のまま、「どう致しまして。」という感じをこめて、叩頭をした。

双方から、さげあった頭を上げると、二人の視線が、一点で会った。二人は面(おもて)を赤くして、どちらからも、何か言いたげの気持のまま、何も言わずに別れてしまった。

「さようなら。また明日……。」

若い馬子の顔には、そんな気持が表われていた。

「さようなら、また明日此処でお待ちしますわ。」

心の中(うち)でそう言いながら、私は馬子の後姿を見送っていた。

リン、リンと鈴の音を残して、馬子の姿と馬の姿が岩角に消えた。やがて、鈴の音も遠くかすかに、たえ絶えにうすれて行く。それとは反対に、私の心の裡(うち)には、先刻(さっき)

の馬子の顔が、姿が、映像のようにはっきり甦えって来るのだった。

辞書の中にある恋

その次の朝も、私は馬に乗って別荘を出た。どちらへ出向くときめて居る訳ではないのだが、馬の足は、自然黒姫山道の方へ向いている。その前に私の心が、そちらへと命令していたのかもしれない。

いつもの処へ行って暫く待ったが、鈴の音も聞えてこなければ、馬子の姿も見えなかった。

（昨日も、一昨日も、今時分此処を通ったのに、もしや、あの方は病気にでもなったのかしら？）

私はそんな事を考えていた。

たった二た朝、野の道であっただけの人が、今日は姿を見せない――、不思議に私の心は不安に慄（ふる）えてきた。

いつまで待っても、馬も馬子の姿も見えない――、私は悄然と、もと来た道を引返した。何か、みたされない淋しさが、胸の奥に感じられた。

（恋というものなのかしら……。）

考えてみたが、恋というものがどんなものか、十五になったばかりの私には分らなかった。恋という文字にそなわった概念さえどんなものなのか、さっぱり実感を伴って来なかった。ただ辞書の中に、恋という文字がある、という事だけは知っていた。

（あの人に会えた朝は、どうしてあんなにたのしかったのだろう、それにひきかえ、今朝の空虚(うつろ)な感じはどうしたのだろう……。）

そんなことを考えながら悄々(すごすご)と帰った私は、馬を厩へ戻すとすぐ、別荘番の爺さんの所を訪れた。

南へ、南へ

私達が都会へ引上げた後の別荘を管理して居てくれる老爺親子の家は、野尻村の端にあった。子供達は皆な都会へ出稼ぎに出ていて、歳老いた男親と、末息子が残って、小百姓をやっていた。

気が向くと、老爺の家へ出かけて行って、土地の昔話などを聞かされて喜んで帰ることは、これまでも度々あったので、その日も何気なく出向いて行ったものの、

「――黒姫山から、毎朝炭を積んで下りてくる馬子があるでしょう……。」

と言うのが、何んだか怖(こわ)いような気がして、私は、なかなか訊ねることが出来なか

った。

「――あの人は、あんな山奥にすんで居ても親兄弟があるのかしら……。」

もし、こう訊いたら、この老人は、私自身にさえ、何が何んだか解らないような少女の気持を、すぐ読取ってしまうのではないかしら、こうも考えて、私は老爺に聞くことを、暫くためらっていたが、遂に決心して、

「ねえ、爺や……。」

言いにくかったが、他の話のとぎれるのを待って訊いてみた。

「ああ、あの若衆（わかいしゅ）かね、あれは村の者じゃねえが、感心なもんですぜ。生れは越後の人だということだが、この春から、山の雑木林を一段（いったん）買って、炭焼きを初めたのだよ……。」

爺やは、藁草履を作る手をとめて、鉈豆煙管（なたまめきせる）に刻み煙草を詰めながら、昔話を聞かせてくれる時と同じように、心安く話してくれた。

それによると、馬子の名は「吉（きっ）チャン」と言うのであった。「何吉」なのか、「吉何」なのかはわからなかったが、村の人は、ただ、吉チャン、吉チャンと呼んで居るのだった。

吉チャンは、親兄弟に早く死別して、全く孤独の身で、今年十九歳になるのだとい

うことであった。彼が親から残されたものは、馬が一頭と、屋の棟が傾きかけた古家とだけであった。親は荷馬車曳き渡世をしていたが、三年前に吉チャンを残して死んでしまった。小学校の成績もよく、勉学好きだった彼は、一介の田舎馬車曳きで一生を送ることに満足できなかった。何んとかして学費をつくり、東京へ出て学問をしたいというのが、夢寝の間も忘れることの出来ない吉チャンの希望だった。

吉チャンは、良い買手がついたのを幸に、古家を売り、一頭の駄馬の手綱を握ってふるさとの村を後に、南へ南へと進んで来た。そして今年の春、この野尻村へやって来たのだという。

その夜

その夜、床に入ってからも、私は長い間寝つかれなかった。

そして、別荘番の老爺親子から、吉チャンのことについて聞かされた、いろいろな話を、もう一度頭の中でくり返してみた。

この春、一頭の駄馬の背に僅かばかりの着替や鍋釜など手廻りのものを積んで、野尻村へやってきた吉チャンは、村の山持から黒姫山の雑木林を一枚買うと、その片隅へ掘立小屋と炭焼竈とを造った。古家を売った金でこの山林を買った吉チャンは、秋までに、その金を五倍にする計画を立てた。しかもそれは、ちっともやま気のない、確実で合理的な方法であった。

山へはいった吉チャンは、山林を買った残金で、鶏の牡雛を五百羽、名古屋の問屋へ注文した。捨場に困ると言われている程の牡の雛一匹は、玉子一個の値段よりも安かった。

(牡の鶏なぞを五百羽も注文したというが、あの男は何をする心算だろう?)

村人は最初、吉チャンの心を忖度しかねた。

雛が届くと、買受けた山林に、小枝や篠などで柵をこしらえて、それを全部野放しにした。

(あんな馬鹿なことをやって、いまに見ろ、全部、死んだり鼬に取られたりして、元も子もなくするから……。)

人々はそう言って嘲笑していたが、吉チャンは、そんなことには耳もかさず、黙々として山林の片方から伐採して、炭を焼きはじめた。雛は、最初のうちは急激な周囲の変化から死んだり鼬に取られたりしたが、そのうちに地虫を探したり、木の実や毛虫などを漁って食うようになった。大自然のふところへ放育された雛はだんだん強くなって、反対に鼬を撃退するようになっていた。そして吉チャンが立木を伐りだすと、その周囲に群れ集って、青葉の新芽や、毛虫等を奪い合って食った。やがて、出来あがった炭は麓の問屋へ売りに行くのだった。

私が、朝早く吉チャンの姿を見かけたのは、その炭を売りに行くときなのであった。

「秋までに、あの鶏は四百円になるだろう、いや、正月前の値頃を見て売れば五百円にもなるか。それに、炭の方でも相当上っているだろうから……。」

最初嘲笑した村人達は、はじめて、吉チャンの計画が、無謀でなかったことを知った。

雛は五十羽程の損失を受けただけで、四百羽以上は、もう、立派な親鶏になって居るのだった。しかも、冬近くなって、天然の飼料がつきる頃には、鳥肉の需要期に入って、売値も高くなって来るということである。――この話を老爺から聞かされた時、

「まあすてき、吉チャンが成功するように……。」

私は思わず叫んで、話をしてくれていた老人を喫驚（びっくり）させた程だった。

そして、その夜になっても、なかなか眠られないのであった。

吉チャンは、冬になって、山に雪が来る頃までには、炭を焼き終り、鶏を売って、馬と共に南の町へ行くのだということである。其処で冬の間は荷馬を曳いて稼ぎ、再び春が来たら、更に南の東京へ近い方の山林を買って、黒姫山でやったと同じことを

やり、三年、四年とかかって、南へ、南へ、学資金をこしらえながら東京へ着く考えなのであるという——。

吉チャンの、この名プランは、大胆で、緻密で、しかも、他(はた)から見ればとてもロマンチックな生活だ、と少女心(おとめごころ)にも私は考えた。

無言劇(パントマイム)の一場面(シーン)

何か、それに触れるのはこわいような気持、それでいて、もっとよく、いや相手の全てをさえ知りたい、というような心が動いて、私はいろいろな方法で、吉チャンに就ての情報を集めていた。別荘番の老爺や、私達が山荘に居る間だけ家事の手伝に来てくれる村の娘が、私のよい味方だった。

そのうちに吉チャンも、私と同じような気持から、同じような事をやり初めたのかどうか、注意していると、町からの帰りに、よく家の前を通るようになった。

私は吉チャンという人について、深く知れば知る程、思慕の念というか懐慕の心というか、自分自身でも説明できない心の動きを感じるようになった。

そして五日、十日と経つと、朝の乗馬が、とても楽しいものとなってきた。コースはきまって、黒姫山道の雑木林の方だった。

毎朝会う二人は、日が経つにしたがって、お互を身近なものとして感じあってきた。遠くから、リン、リンという鈴の音が聞えて来ると、私は、馬をおりて待つようになった。やがて顔が見えて来ると、両方から微笑交わして近より、無言のまま叩頭をする——暫く二人が立止っていると、お互の馬同士は、耳を立てたり、顔をゆがめたり、鼻の辺を嗅ぎ合ったりしている。三分、五分、場合によっては、十分間も、二人は無言のまま立っている。眼と眼が何かを語り会っているときもあるし、どちらも下うつ向いて、心と心とが語っているときもあった。そして、いつも、吉チャンが先に、無言のまま叩頭して、坂道を下りて行く、私は、その姿が見えなくなるまで見送ってから、静かに、鞍にまたがり、山をおりてくる。それで二人は、充分幸福なのであった。この有様を誰かが他（はた）で見ていたら、黒姫山を背景にした無言劇の一場面を見るようであったかもしれない。

離愁の調（しらべ）

夏も中半（なかば）を過ぎて、私達の一家は、東京へ引上げる時がきた。
（今日は、吉チャンにお別れしなければならない。）
そう思った私は、いつもの朝よりも早く起き、吉チャンへの贈物を用意して、そっと鞍につけ、いつものように、黒姫山へ出かけて行った。

リン、リン、リン……。

鈴の音がして、吉チャンの姿が山の上の方から見えて来た。その日の鈴の音は、何んとなく、離愁の調ででもあるかのようにもの哀しく聞えた。

縞の仕事着に同じ柄の股引（ももひき）を穿いた吉チャンは、手綱を首にかけ、手に山百合の花束を持っていた。

唖のように、無言のまま近よった二人は、お互の贈物を交換した。ノート、ペーパー、ナイフ、万年筆等、吉チャンが、東京へ出て勉強をし始めれば必要だと思われるものを一纏めにして、H・Kと頭文字（イニシャル）を刺繍（ぬいとり）したハンカチーフに包んだのを吉チャンの手に渡した私は、吉チャンから香り高い、山百合の花束を受取った。

「――明日は、もうお会い出来ないの……今度は、何時、何処でお目にかかれるかしら？　これが最後のお別れになるかもしれないのに、吉チャンの方から何か言ってくれたらいい……。」

私の眼は、こんなことを、求めるが如く、また訴えるが如くに言っていたかもしれない。――やがて、別れなければならない時が来た。

（さようなら。）

（さようなら。）

二人は惜別の情をこめた面持で、丁寧に叩頭をし合うと、右左に別れた。やはり、啞のように無言のままであった。

黒姫山と馬

東京へ戻ってからも、私は、いつも吉チャンのことを思い出していた。

（別荘番の爺さんに預けて来た私の馬は、いまでも時々、吉チャンの馬に会うことが出来るだろうかしら？　爺さんが毎朝運動につれ出すとき、吉チャン達に会うことがあるかしら？黒姫山の吉チャンの近くに居ることが出来るなら、私は馬になってもいい……。）

よく、そんな事を考えたりした。

その翌年の春、養父は、赤羽の屋敷を引払って、信州の松本へ移った。養父の家は代々松本の藩士であったので、その家は昔からある邸だった。

松本へ移ってからも、私達は黒姫山荘へ行く夏の習慣をやめなかった。

その夏、別荘へ着くとすぐ、私は例の老爺に吉チャンのことを聞いてみた。

「ああ吉チャンかね、炭の方も鶏の方も大当りでな、いま頃は、東京へ出て勉強して居るんじゃないかと思うがな……。」

老人の話を聞いて、吉チャンも東京へ行って、勉学出来るようになってよかった、という喜びの気持と、もう永遠に会う機会が無いかもしれない、という淋しさとが、私の心の裡(うち)で矛盾した対立をしながら頭を擡(もた)げてきた。

山荘へついてから一週間ほど経った或日、一通の無名の手紙が私に届けられた。封を披いて見ると、一枚のレター・ペーパーに、黒姫山と馬の画が描いてあるだけで、消印は『東京・神田』となっているだけだった。

あの時から、十余年も経った現在(いま)まで、その後吉チャンがどうして居るか、風の便りの噂にさえ聞くことが出来ない。

あの時の感情が何であったか――、恋にしては、あまりにはかなく、少女の頃の思い出にしては、あまりに印象的なものであった――、黙劇(パントマイム)の一場面(シーン)のように。

何故に男装するか

男なのか、女なのか

私が何故に男装するか？

これは、世間が、私に対し、何よりも興味を感じ、何よりも不思議として、妙にその理由を知りたがっていることらしい。

しかし身辺の雑事を兎や角詮索だてされることは、あまり有難いことではないものである。

（あれは、男なのか？　女なのか？　一つの性格のなかに、女性と男性が背中合せに結ばれて居て、その何れを矯めようとしても手が下せない、一種の性格破産者なのではないか、それとも、よくある変態的なものか。）

種々雑多な、揣摩臆測、毀誉褒貶が乱れ飛ぶようだ。それは、女である私が、世間の常識の羈絆をかなぐり捨てて、男の装いをするというのだから、いろんな妙な興味を持つのは当然と言えば当然であろうが、真実と臆測との間には、えてして、烏焉馬の差誤を生じやすいものである。私に対する揣摩臆測もまた、決してこの埒外のものではない。

しかし、私はいま、それを不愉快と感じる前に、何故に男装するか？　ということについて、一応率直に男装するまでの経緯（いきさつ）をぶちまけて置くことの方が必要であろうと思うので、それから先に書かして貰うことにする。

清朝の一亡命客の娘だった私は、日本の川島浪速家に引取られて、日本の少女として教育され、かなりヒロイックな一面と、センチメンタルな側面とを持った少女として育っていた。

一方では、亡びた清朝の復興を自分の手で実現させよう――というような勇ましい夢を追っていた女であり、また一方では、ロマンチックな、女流詩人として生きよう、パンが無いときは愛を喰べても生きられよう、などと考えるセンチメンタリストでもあった。

だから、もの心ついたときに、すでに、私の心には、男性的性格と、女性的性格とが同時に成長しはじめ、少女の頃には、英雄と詩人とが、一つ心の中に同居していたのかもしれない。

こうした心理的傾向は、多少の差こそあれ年少者のだれにでも見られるものかもしれない。それが、各自の環境によって、何れかの一方が矯められ、それぞれの固有の性格が現われて来るものであろう——。

ところが、幸か不幸か、私の場合は、或る程度まで女性として育てられた性格を、急激に、男性にしなければならない、男にならなければならない、という主観的な、また環境的な事情が待っていたのであった。

十六の秋

忘れもしない、それは十六のときである。川島家は、東京から信州の松本へ移り住んでいた。

その頃から、養父は耳が遠くなり、その上気むずかしくなってきた。しかし、私は養父の良い半面をよく知っていたので、「偉い人だから欠点もあるのだろう。」と子供心にも考えて、尊敬していた。

その年、養父は国籍のことで学校と諍(いさか)いをして、私を退学させ、家庭で教育する方針をとった。

私が女学校をやめて家で勉強するようになると、養父は非常に厳格になってきた。だんだん年頃になって来る娘を誰にも奪われたくない、いつまでも掌中の玉であって欲しいと考えたのであろう。

父の心には、レ・ミゼラブルの主人公が、或る時代にコゼットに対してとった態度のようなものがあったのかもしれない——。

そして、私が馬に乗ったり、鉄砲をうったりして、男の子のするようなことをして居れば、養父は安心していた。

やがて、私も普通の女の常として、だんだん、女らしさに目覚めて来るようになった。そして、男はこうであったら、と理想の男性のタイプを心の裡(うち)で描いてみるようになっていた。もっとも、私の心に描かれた理想の男性のモデルともいうべきものが無いではなかった。それは、山の炭焼きをしていた人で、寡黙で謙譲で、それでいてしっかりした感じのする十八九の青年だった。私が此処で、敢て感じのするというような言い方をするのは、その青年と私は、一度も口を聞いたことがない、ただ数回山道で出合って、お互に道を譲りあったとき、どちらからともなく、無言のまま叩頭(おじぎ)をし合って別れただけのものであるからなのである。この青年の素画(デッサン)の上に、男はこうであったら、とロマンチックな私の想像と希望を描いた画を二重焼(ダブル・プリント)したのが、当時の私の心の裡にあった男性だった。

心に描いたものと、現実の人との相違から感じた幻滅——これが、私の女であることをやめようと思った一つの理由である。女であることの煩わしさ――そういった悩みと、宗社復辟の夢のようなヒロイックな気持とが結合して、私は女であることをやめ、男になろうと決意したのであった。それは十六の年の十月六日のことであった。

女とさようなら

現在（いま）から考えると、随分単純でもあったと、自分でも可笑しいと思うが、その頃は、あの長い髪の毛を切りさえすれば、それで男になれると思ったのだから可愛らしいものだった。

その決意をした朝、私は流石に悲壮なものを感じたと見えて、自分の女姿に最後のお別れをする心算で、綺麗に日本髪に結い上げて裾模様（すそもよう）を着かざり、庭のコスモスの乱れ咲く中に立って、己自身の女姿と、袂別の写真を撮ったものだった。

それから、お昼過ぎに、家人には何事も告げないで、ひとりで床屋へ行って、サクリと黒髪に鋏を入れさせて、パサリと落ちる自分の髪を握った。――これで女とさようならをした心算だった。

五分刈の坊主頭になって帰ったときの家人の驚きは大変だった。

私は悲壮な気持の半面では、これで男になれたと思って喜んだ。

その間に、滑稽な事もあった。或日のこと、かねて私に恋していたらしい、浪速家へ出入りしていた或る華族の息子が訪ねてきて、腕白小僧になって紺絣姿でいる私に対して、

「君、芳子さんの弟だろう?」

と聞くのであった。芳子に何処から何処までよく似ている、これは弟だろう、とその男は思ったらしい。変り果てた私を見て、彼の煩悩を煩わしている当の御本人だということさえ気づかなかったのである。茶目だった私は、

「うん、そうだよ、僕は弟の芳麿(よしまろ)だ。」

と言ってやった。

「姉(ねえ)さんは?」

(なあ、これから仲よくしようね芳麿君)というような顔をしてその男は訊いた。

「姉さんは蒙古へお嫁に行ったよ。」

私の答を聞いて、男の嘆きと失望は大きかったらしい。

その男は私をつかまえて、川島芳子への真情を打明けるのであった。

「君の姉さんと僕は、あの川のほとりに立って、あそこで手をつないで憩(こ)うだった。あの木蔭では、こんなふうにして語りあった……。」

などと、当の本人である私が全然覚えのない、甘いシーンを勝手に、自分の空想から作りあげて、それをさも事実であったかのように、その男は、私に対して語ってきかせるのであった。

可笑しさを圧しこらえながら、追憶じみた出鱈目を聞いて、この男は、どうしてこんなに意気地のない出鱈目や負け惜しみを言うのだろう、と嫌悪の念が起きて来た。

私は髪を切って男になったのだが、こんな出鱈目な男にはなりたくないと思った。こんなインチキを言う男の相手になる女は気の毒だとも思った。

環境がそうさせた

「お前は、日本と支那の楔となって生きる人間だ——。」

と、口ぐせのように父が生前言って居たことを、いくらかでも実現させたい、その為には、女であるよりも男であった方がよいと思ったこの気持と、前記のような理由とが、敢えて私に男装させた、ということも出来るのである。

つまり、必要がそうさせたのである。変態的な心理からでもなければ、性格破産者的なそれからでもないのである。私の男装は所謂奇を衒う心からではない、環境と必要とが敢てそうせしめた、というにつきるのである——。

少女の頃から、鉄砲をうったり、馬に乗ったり、洮南に行って土兵を集めて見たりしたのも、一つには、日支の楔になろうとした自分の意志を、貫徹したい為の用意であった。第一、私が女の姿で振袖でも着て居たら、一人の兵だって集めることが出来ないのである。熱河の砂漠のなかに、髪を長く延した、日髪日化粧の女が、剣を執って軍を進めることが出来たかどうか、想像していただいても分ることである。

満洲事変の後、内地では、私を東洋のジャンヌ・ダルクにしたりしていたが、これを聞くときには汗顔至極、穴でも有ったら這入りたい思いであった。ジャンヌ・ダルクは、たしかオルレアンを奪還して、彼女自身がフランスの危機を救う直接の機会を作ったのであるが、私は何も、満洲朝の危機を救った訳でも何んでもない。ただ、満洲人の一人として、新国家建設の為の当然の仕事を、ほんの僅かばかり、隅の方でやらせて頂いただけにすぎない――。少女の頃、ジャンヌ・ダルクのような女になりたい、と夢見たことも無くはないが、実際にやったことは、少女の頃の夢の百万分の一にも過ぎないのであるから、こんな讃辞は過褒にすぎると思うのである。

私もやはり女

以上が、私の男装する理由である。私は、環境が私を本来の女になる事を許すのだったら、只今即刻からでも女に戻ってもよいと思っている。

私が本来の女性に戻ることは一時実現されそうになった。それは、蘆溝橋に日支の戦端が開かれてからのことである。天津にある私の店、東興楼（トンシンロー）は戦線へ行く人、戻る人の休息場のようになっていた。其処で私は、日本軍将兵への感謝の気持の一端から、お茶とお菓子の御接待をして居た。その時は、地味な着物に束髪という女姿で働いていた。その方が、立寄っていただく方々に、なごやかな感じを与えることが出来ると思ったからである。この一事は、私が、いたずらに奇を衒って男装しているのでない、環境が許せば、何時でも女になるという一つの證左（しょうさ）になったと思う。

しかし、まだまだ私が女に戻る時は早かった。それは一昨年（昭和十三年）十二月三十一日の夜のことであったが、私は知りあいの一婦人を、フランス租界の馬大夫（マタイフ）医院に見舞に行って、抗日テロ団一味の襲撃を受け、重傷を負ったのである。この時から、私は一たん身につけた女の着物を投げ捨てて、再び男装に戻ったのである。

まだまだ女になる場合ではない、と痛感したからであった。

女が男のような事をする、というのは不自然な事であることを私も充分認めている。私もやはり女である、何時までも恁んな妙な存在である必要はないと思っている。私としても女らしい女として、唇（くち）にルージュのひとつも塗って、愛すべく、信頼すべき男性があったら、そして、自分の念願——国へつくすべき仕事に目鼻がつき、万事が完成したら、何時でも本然の女に還って、やさしい一女性になりたいと思っている。

しかし、それはいつのことやら——。

蒙古の夜

縁談

十八の頃、私は大連の兄の家に寄寓していた。直隷、熱河の方に、粛王家の所有地があって、それが大部分、軍閥の為にあらされていたので、養父とともに、それの整理に行った帰途其処へ寄って、そのまま兄の家に居ることになり、養父だけが内地へ帰ったのであった。その頃の私は、もう男装していた。丸坊主から髪を少しのばしてオールバックにし、濃紺の背広服をきていた。

そのうちに、男になったと自分では思っていても、周囲が許さず、結婚の話が再三あった。

その度に、

「あれはいやだ。」

「あの人はきらいだ。」

と、言葉を左右にして、世俗的な結婚話などに私はとり合わなかった。

そうこうしているうちに二年経った。

二十一の春である、私にいやだと言わせない結婚談が起ってきた。相手は、第二次満蒙独立運動に驍名を謳われた巴布札布（パブチャップ）将軍の第二遺児にあたる甘珠爾札布（カンジュールチャップ）だった。

甘珠爾札布と私は幼い頃からの許婚（いいなづけ）だから、この縁談は是非取りまとめなければならない、というのが周囲の人々の意見だった。

それに彼は、日本の士官学校へ留学中、養父の赤羽の家へも出入りしていて、私とも久しい間の知り合いだから尚更ら都合が宜いだろう、と言うのであった。

しかし、私はこの結婚を喜ぶことは出来なかった。――この結婚は一種の政略結婚にすぎなかった。清朝の女（むすめ）と、蒙古の王家との間には今までもしばしば政略的な結婚が続けられてきた。そして清朝が滅亡してしまった今日まで、その後裔と蒙古王家との婚姻が、一片の政略のために行われようとしているのである。清朝の復辟を考えている遺臣達や志士は、国民政府と気脈を通じている張学良（ちょうがくりょう）の羈絆（きはん）から脱れて、満蒙独立を画するには、清朝の流れを汲む金璧輝（きんぺきき）と甘珠爾（カンジュール）家（け）との縁が結ばれれば都合が宜いと思っていたのである。

内地へ帰っていた養父もこの話を聞いて喜び、縁談は急速に進められて行った。

黙契

私は古い蒙古の伝統を墨守(ぼくしゅ)して、王宮を唯一の生き場所とするような生活には、とても耐えられないと考えたのだが、すでに近親の人々の取決めが行われてしまった上に、当人同士は縁談が表面化するまで知らなかったにもせよ、幼いときに、粛王家と甘珠爾家との間で婚約が取交され、許婚の間柄である、という古手形がものを言って、どうすることも出来なかった。

其処で、私は大連へ来ていた甘珠爾札布と会って、種々と話し合った末、二人の意見の一致を見出した。

「貴方も知っていらっしゃるように、私はすでに女であることをやめて、男になっている心算(つもり)で居るんです。そんな、女でない女が普通の夫婦生活の範疇(カテゴリー)の中に閉じ込められて、はたしてお互が幸福であるかどうかを、私はあやしんで居るのですが……それに、私には一つの目的があります、それを貫徹する日まで私は男でありたいのです――。」

大和ホテルの一室で、私は甘珠爾札布に言った。彼は首をかしげて暫く考えていたが、やがて面を上げて、

「僕も、貴女が王宮へ入って、はたして幸福かどうかを考えて居たところです。それに僕にも、いま結婚より先にしなければならない事があるのです。」

「じゃ、今度の話は、貴方の意志とは全然無関係のものだったのですね。」

「と、いう訳でもないんです。貴女と僕との結婚は、表面二人だけのものであるようで、実は満洲朝の遺臣と甘珠爾家一族との結合を意味するものなのです。だから、貴女に、一時女に戻って頂いて、満洲人と蒙古人との鎹（かすがい）のようなものになって貰いたいと思ったのです。お互に性格の相違やなにかを認め合っているのですから、所謂妻であったり夫であったりすることは、僕も強いて望んでは居りません、只表面両家が結ばれた事になれば、満蒙軍連合に良い結果を与えることになると思って。」

「貴方のお心持はよく分りました。いま、満洲や蒙古が、どんな運命にあるかは私もよく知って居る心算です、ことに外蒙は大半赤化してしまっている始末ですから、この魔手から、内蒙古だけでも守らなければなりません、それには、満蒙軍が結合して、これにあたらなければならないことは三つ子だって分っていることです。私のようなものの進退如何が、両軍の連合にいくらかでも影響を与えるというのでしたら、私も一時、形だけ女に戻って蒙古に参りましょう。」

私は、表面形式だけの新妻であることを約束した。

「ははは、貴女がそう言ってくれることは最初から解って居りましたよ、僕も出来るだけ早く貴女を解放する日が来るように努力しましょう……」

甘珠爾札布も笑いながら言った。

ここに二人だけの黙契が成立して、周囲の人々の取計らいにしたがうことにした。

「わたしの恋人の手は小さいよ」

名のみの夫婦は、大連の大和ホテルで盛大な披露の宴をすませ蒙古へ行った。

蒙古でも、また改めて、王と王妃として、郷土的儀式による結婚式をあげて王宮へ入った。

其処には母と出戻りの姉とがいた。すぐ下の弟にあたる正珠爾札布（ジョンジュールチャップ）や末の弟達は皆国外へ留学していた。

母よりも姉が私には苦手だった。古い伝統のからの中へ閉じ込められた私は、日々の生活が重苦しいものに感じられてならなかった。一寸庭へ出ても誰かがすぐついてきた。たった一人きりの時間などというものは、ほとんどなかった。

王宮は樹木の繁った、小高い丘の上にあった。それを取巻くようにして、兵舎や民家がならんでいた。

輿入れして一年程経った秋の或夜だった。家族のものとなじめない淋しさをまぎらす為に、私は戸外へ出てぶらぶらと歩いていた。

月のよい夜で、うねうねと果てしもなくつづいた砂漠が、画の海のように明るく見えた。小門の扉を排して王宮の外へ出た私は、月にさそわれたもののように、部落の方へ歩き続けた。

「わたしの恋人の手は小さいよ

ゆびの爪は鳳仙花で染めてあったよ

雨の中でね

おかあさんに叱られて泣いてたよ。」

ひそかに覚えた蒙古唄を口ずさめば、足は自然と前へ進んだ。

遊牧民族の唄特有の哀調をおびた曲調と、ロマンチックな詩とによって織りなされたこの唄を、何時か心ゆくまで歌ってみようと、長いこと考えていたのだった。

その翌朝は、東の方の遠い国から輿入れしてきた若い妃の一人あるきが、部落全体の噂になってしまった。

空想好きの蒙古人達は、この若い王妃の噂を、アラビアン・ナイトの作者も及ばないような脚色をして、口から口へと伝えていった。

「夜、一人あるきなどして、何というはしたない嫁だろう……。」

義姉(あね)や義母(はは)たちが、私の態度を嫁としてあるまじきことだ、と詰りだした。

其処へ、土兵の訓練の為め久しく家をあけて居た甘珠爾札布が戻ってきた。

「長いこと不自由な生活をさせて済まなかったが、貴女にも、いよいよ自由行動を取って頂ける日が来ました。弟（正珠爾札布）も外国から戻って来ることになったし、内蒙古独立軍の結成はもう目睫(もくしょう)に迫っています。満洲も軍閥政府の羈絆から脱れられる日がもうすぐです。」

彼は、日やけした顔に瞳を輝かせて言った。

その後、間もなく王以哲(おういてつ)軍が柳条溝附近で、満鉄の爆破（昭和六年九月十八日夜）をやり、風雲は日に日に急迫してきた。

蒙古独立軍も、敢然、国民政府の傀儡(かいらい)となっている軍閥と干戈(かんか)を交える日がきた。

私の、妙な形だけの嫁である役目も一年余日で解かれ、お互に円満な了解の上で自由な立場に戻ることになった。

建国秘誌——宣統帝・鴻秋(こうしゅう)妃(ひ)天津脱出を中心に

青い特急(ブルー・エクスプレス)

天津へ——、天津へ——

夜の津浦(しんぽ)線を、快適なスピードで走る、青く塗ったフランス製の列車、「豪華(ド・リュックス)」の寝台によこたわりながらも、私は天津のことばかり気になっていた。

一刻も早く、天津へ行きたいという心で、いっぱいだった。「青い特急」とよばれるこの快速(スピィディー)な列車も、その夜に限って、牛の歩みよりも遅く感じられた——。

昭和六年九月十八日、張学良(ちょうがくりょう)の部下・王以哲(おういてつ)の軍隊が柳条溝附近で、満鉄線の爆破をやり、怖るべき彼等の野望を遂げようとしたが、こと志と異い、間もなく、日本軍の反撃にあってから十日の後——九月二十七日、私は、北支から上海へ急ぎながら、哈爾濱(ハルピン)では、早くも張景恵(ちょうけいけい)を会長とし保安維持会が組織せられた、という情報に接した。その前の日、二十六日には、吉林省の熙洽氏(きごうし)を中心に、民意尊重、綱紀粛正、言論自由、善政施行を標榜して、臨時政府の樹立が発表せられたことも聞いた。

私が上海へ行って、一ヶ月と経たない十月中旬。

日本軍が、新民屯、鄭家屯に進出した頃には、奉天に、満蒙自治の準備委員会が組織された。委員には、袁金鎧、闞朝璽、趙欣伯等を筆頭に、各省の有力代表者が名を連ねていた。

そして、委員会の密使が、天津の溥儀氏（宣統帝）の居宅へ行って、新国家の元首として、出盧を願うように運動しているという噂や、恭親王が逸早く奉天へ乗込んで、北陵（清の太宗の大陵基）へ、第一公式の行列を作って参拝したから、きっと、恭親王が、新国家の元首になるのではないか、というような臆測が乱れとんだ。

そのうちに、張学良の便衣隊が、溥儀氏をつけねらっている、ということや、南京政府の暗殺隊が天津へ乗込んだ、という情報が私の耳に入った。

南京政府や、張学良等にとっては、溥儀氏（宣統帝）の出盧が確実となれば、永遠に満洲の地を、己の勢力範囲から除外して考えなければならないのであった。

また、満蒙三千万の民衆にとっても、宣統帝は、新国家建設の元首に擬している大切な方であった。

（溥儀氏さえ無きものにすれば、新国家建設運動も挫折するだろう……。）

と考えた国民政府の一部の人達は、おろかしくも、一刺客の手によって、澎湃として起った民衆の声、満蒙自治の機運を扼殺(やくさつ)しようと試み、暗殺隊を、天津へ向けて放ったというのである。私はこのことを知り、

（宣統帝に万一のことがあっては一大事）

と考えて、とるものも取敢えず上海を後に「青い特急」の客となり、天津へと、急いだのであった。

復辟挙兵

天津！

天津！

プラットホームの人波を突き抜けるようにして、天津総站に立った私は、電報で手配して置いた自動車のハンドルを握って、天津の街をフル・スピードで宮島街へ急いだ。

支那服を着た運転手を客席へ追いやり、黒の背広にハンチングをかぶった私が、ハンドルを握って、自動車を操縦して居る処を他から見れば、私が運転手で、本ものの運転手が主人に見えたかもしれない。

――天津、日本租界宮島街、清皇室駐津弁事処。

と、名こそいかめしいものであるが、その住居は非常に粗末な、いたわしいばかりの建物であった。私は、其処の小門を排して中へ入った。

大清帝国三百年の治世、第十二代の皇帝として、四億の民、四百余洲に君臨した、宣統帝が、在位僅かに三年、しかも、御年僅かに七歳の幼童にして、禅譲の帝として、一介の平民溥儀氏となられてから、此処、天津の宮島街に、己の天地を見出されるまでには、忍苦流転の二十星霜を過ぎているのである。

——宣統四年（明治四十五年）二月十二日、退位の詔勅を発せられた宣統帝は、僅かに、紫禁城を唯一の己が世界として、侍臣達を相手に、昨日に変る淋しい生活を送られるようになった。

その後、大総統となった奸勇袁世凱が、帝位にのぼろうとして野望を抱き、銃劍の脅迫によって組織せしめた各省国民代表大会（大正四年）に皇帝推戴を決議させて失敗した。越えて、大正六年七月一日、張勲、康有為等、宗社党の有力者が起って、幼帝（当時十三歳）を擁し、清朝の昔を今にかえそうとする、復辟挙兵があり、

一、大権を朝廷に統べ、庶政与論に決し、立権君主政体とす。
一、皇室費四百万元は、増加を許さず。

一、満漢の区別を全廃す。
一、東西各国と正式に調印せる条約及び借款契約は継続して有効とす。
一、印紙税を廃し、その他苛酷の税賦を改廃す。
一、刑法は、宣統元年制定のものを布く。
一、党派の悪習を除く。すべての政治犯人を赦免す。但し今後治安を紊す者は之を赦さず。
一、断髪と否とは人民の自由とす。

の諸項を宣明(せんめい)し、「清朝の復辟成る」の報道は、一時、全世界に一大センセーションを捲き起したのであったが、張勲は、あまりに功を急いだ為に、復辟僅かに十三日間にして、一敗地に塗(まみ)れてしまった。

このとき、宣統帝は、

「予は幼にして遜位し、実際政治には全く経験がない。復辟を行って、祖先及び人民の素志にそむくようなことがあってはならぬと考える。」

と、僅か十三歳にして、すでに、一国の長として強い責任感のこもった所感をもらされたということである。

この復辟挙兵が一敗地にまみれてから、国民政府の、帝に対する監視が一層厳重になり、宮城は官憲重囲のうちにあり、時には宮廷の内にさえ彼等の魔手が伸びて、あどけない少年の夢を乱されることもあった。

鴻秋姫との御結婚

少年の頃には、自転車を乗るのに邪魔になるからと、紫禁城内の部屋や、小門の敷居を削り取れ、とだだをこねられたり、或時は宦官達と鬼ごっこをして居て、武英殿の大花瓶の中に隠れたまま夕刻まで寝入ってしまって、侍臣達に、大騒ぎをさせたりされた事などもある帝は、十七の春を迎えられて、御婚儀のお話が進められていた。

前清時代の直隷北道々台であった、栄源氏の令嬢鴻秋（婉容）姫が妃として挙げられ、大正十一年の十二月に、清朝の古式に則とり、宛ら絵巻物に見るような、大婚の式が繰りひろげられた。

しかし、この盛儀の費用四十万元が、歴代に伝わる宝物四十余筥を売って、漸く支弁されたことを知る人は、昔に変る帝の身の上を思って、ひそかに涙をぬぐったのであった。

新妃は帝と御同年の十七歳で、漢籍、語学はもとより、書は王羲之の流を、画は南画と油絵とを学ばれ、ゴルフ、テニス、音楽と、非凡な天禀に恵まれた方であった。十五歳の頃まで、妃の勉学の指導をして居られた、米国メーリーランド州のメーヤ陸軍大佐夫人が、十四年も後の昭和九年に「学問の習得はすばらしく早かった。そして、お美しいばかりでなく、頗る叡智に富んだお方であった」と、アメリカの新聞で、述懐をもらして居たほどであった。

御結婚後も帝は、数奇な運命の流転をよそに、修養と運動とに、ひたすら専念されていた。午前中は、漢籍と東洋史を陳宝琛（ちんほうしん）に、胡適に現代文学と、西洋哲学史を、日本語を日本大使館の書記官某氏と、劉驤（りゅうじょう）に、洋書をイギリス人、ジョンストン博士（Sir Reginald Johnston. 後ロンドンの東洋大学で支那語を教授するようになった）に、鄭孝胥（ていこうしょ）に支那歴史等を学び、午後には、妃や侍臣達を相手に、テニスやゴルフにすごされるのが常であった。

国民軍の北京乗込み

新婚の夢もまだ深い民国十三年の秋（大正十三年十月二十三日）第二奉直戦があって間もなく、馮玉祥（ひょうぎょくしょう）は熱河（ねっか）から引返し、手兵を国民軍と改称して北京に乗込み、犬猿の仲だった呉佩孚（ごはいふ）を岳州（がくしゅう）に走らせた。越えて、十一月五日には、国民党幹部の李石（りせき）

曽の進言を容れ、紫禁城背後の景山の上に、十余門の大砲を据え、衛戍司令官鹿鐘麟、警視総監張璧の指揮する機関銃隊、歩兵隊、警察隊等を神武門から突入せしめて、乾清宮を包囲した。

「溥儀氏以下一切の人々は、三時間以内に、宮中より退去すべし、宮中内の宝物は、全部国家の所有なるが故に、一品たりとも携出するを許さず。」

と、いうのが包囲軍の申出だった。

聞くも暴虐非礼なこの通告に、

「かりにも、前皇帝の御身に対して、あまりに非礼な申出ではないか！」

紹英（内務府大臣）が走り出て、怒りに顫えながら言うと、

「我々は、第一軍総司令官、馮玉祥の命を奉じて事を行うのみ……。」

と、全然とり合わない。

このことを聞かれた帝は、

「よし、予が会って話そう。」

と、御躊躇の色もなく、養心殿に控えられた。

李石曽、鹿鐘麟、張璧らの面々は、勝ち誇った足どりで、養心殿へ上って行った。

彼等は形だけの敬礼をすまして、

「溥儀先生……」

と、浴せかけた。常ならば「皇上」といわなければならない処を、「先生」と呼びかけたのだった。言うまでも、支那語で「先生」は、日本語の「君」という程にあたる言葉である。内地で「あの先生は云々……」と、多少軽侮的にいうときの「先生」よりも、いくらか上位の概念しか持って居ないのが支那語の「先生」なのである。だから、

「溥儀君……」

と彼等は呼びかけたことになるのである。

(無礼なッ!)

と、思ったが、帝は、

(いや、こういう徒輩に何を言っても、通じるものではない、あらそって守るよりも、兎角言うなら、快く此処も出よう――)

と、考えられた。もうその時は、あの頰に微笑さえうかんでいた。

「君等の意のある処は、よく分った、この上何も言うことはない。しかし、ただ一言いっておこう。かつて、予が遜位したのも、国内相剋をさけ、人民を塗炭の苦境に陥しいれないために外ならなかった。空名にすぎぬ帝号に恋々として居るのは決して予

の本意ではなかった。また、居宅も宮城より外へ遷そうと、兼々考えて居た処である。然るに、何の故か、政府は、予を宮城より外へ一歩も出さなかったではないか。その事は、君等が、その眼で見、その心で感じて、誰よりもよく知って居られる筈だ、その君等が、いま、帝号を取消し、宮城を出よ、というのは、寧ろ、予のかねて望んで居ったところだ。帰ったら、君等の総司令にも、このことを伝え、予が謝意を表して居ったと申してくれたまえ。」

帝は静かに決意をのべられた。

その自若たる態度に打たれたもののように、三人は無言のまま叩頭した。

その時、ふと、帝は、幼時に知った、李石曽の父親のことを思い出され、

「おお、君は、李文正公の子息ではないか……。」

と肩に手をかけんばかりの、親しさで言われた。

李石曽の父李鳴藻は、かつては大臣の要職にあり、文正公の諡号まで贈られた人であることを、いま、帝は思い出されたのであった。

李は、顔をあげて、

「はい、いかにもお言葉の通りでございます、小生の家は、代々皇恩を蒙って居ります。只今参りましたのも、一に帝の御身を御保護申したいと存じまして……。」

と、その場を取繕おうとしたが、つい先刻、「溥儀君――」と、軽視して呼びかけ、いま、「――帝の御身を……」と言った己の言葉の矛盾に恥じて、厚顔な彼も、耳朶まで真赤にした。彼は、父の蒙った清朝の恩義を忘れ、十余年前には、清朝覆滅に活動し、いままた、その帝を、紫禁城より逐わんとする張本人なのである。

その張本人を目前にしながら、その父がつくした忠節を偲べるほど、帝の心は冷静であった。其処には、曽ての父の忠節を李に思い出させて、現在の彼の暴戻を詰ろう、というような、皮肉な態度は微塵も見られなかった。

部屋の外には、血に餓えた狼群のような、軍兵や警吏等が押しかけて来て、足ぶみをしたり、扉を叩いたりしていた。

紫禁城を後に

興安嶺を吹きあらした蒙古颪が冬の北京の街々に渦巻いて、骨まで凍えはせぬかと思われる、十一月五日（大正十三年）の薄暮であった。

帝と妃とは、陳宝琛その他一、二名の従者と共に、一台の自動車を駛らせて、紫禁城を後にしたものの、何処へ行っても、北京城内は馮玉祥の天下で、身を寄せるところもなかった。

その身は、朔風に追わるる枯葉にも似て痛ましい極みであった。

一行は、帝の御父にあたる醇親王邸に、一時身を寄せることになったが、此処もまた、安住の居ではなかった。

（此処に身を置くことは、やがて、父上にも累を及ぼすおそれがある、早く己の身の置き処をつくって、其処で独自の歩みをして行きたい。）

と、帝が考えられる間もなく、醇親王邸の内外は馮軍に包囲され、英人教師のジョンストン博士さえ、その出入を拒絶された程だった。

身一つで紫禁城を脱れた帝は、此処で再び監禁同様の身となってしまったのである。父上を慕う一念から、一たん身をよせた醇親王府が、馮玉祥軍の重囲にあい、累が一族に及ぶことを思い至った帝は、一刻も早く此処を脱れ、何れにか隠れ家を求めなければならないと焦せられるのであった。

そして日夜、機会のあるのを待っていた。

日本公使館へ

馮玉祥が北京へ乗込んでからの、人もなげな振舞に、危惧を抱いた段棋瑞、張作霖等は、馮軍を北京から追う計画をめぐらし、十一月二十八日（大正十三年）に、手兵を率いて、急遽入京した。

先に呉佩孚(ごはいふ)を岳州に追った馮玉祥軍は、段棋瑞、張作霖等の軍兵によって、北京城外に追われることになった。

この軍兵の入れ代りの間隙(かんげき)が、帝の醇親王府脱出の唯一の機会となったのである。

明けて二十九日の午後三時、帝の一行は、蘇州胡同(こどう)へ行くと言い、天日を掩う折柄の黄塵をついて、王府を出たが、途中路を変えた自動車は、一路、交民巷(こうみんこう)へ向けられた。

この蒙塵を決行する前に、侍臣達は、ジョンストン博士と連絡をとって、極秘の裡に、英、米両国公使に、帝の保護方(かた)を交渉させたのであったが、両国公使は、

「それは、寧ろ日本公使の方が適当ではなかろうか。」

という答えであった。

ジョンストン博士は、日本公使館に赴き、事情を愬(うった)えた。

それから間もなく、帝の一行は、日本公使館の程近くにある、ドイツ病院を訪れるように装おって、雑軍の妨害を避け、日本公使館構内にあった、北京守備隊長の官舎を訪れたのであった。

この時の帝は、あの長身痩軀に、カーキ色の詰襟服をつけられ、手には護身用の杖

銃を持たれただけであった。

張作霖が入京して、馮玉祥を北京から追った明る日に、宣統帝が、醇親王府から姿を消したので、

「帝は、張作霖に伴われて、奉天に赴いたのだ。」

「張作霖は、帝を奉じて、復辟を敢行するのだ。」

というようなデマが飛び、事情を知らぬ外国人の間には、これを信ずるものも相当あった。

帝が日本公使館に入ると直ぐに、芳澤公使は関係各国の公使に事情を通告し、声明書（ステートメント）を発表した。

それから間もなく、鴻秋妃も、日本公使館に入られ、帝の御一行は館内の一官舎に住まわれることになった。紫禁城の生活とは比ぶべくもない、奉侍する者は、僅かに男四人、女六人に過ぎない、手狭まな生活であった。

しかし、「予にとって、此処は、この世の仙境といわなければならない。」とまで、帝は側近の者に洩らされたこともあったという。

だが、この公使館の中にも、やがて、支那側の猜疑に光る眼が届くようになった。

身の置き処もない帝

帝が日本公使館へ入って、八十日、また此処を去らなければならない日が襲ってきた。

(帝御一身の安全を保障する以外、素より何等の他意はない。皇室財産の処分、優遇条件等の問題に彼是容喙することは、内政干渉にわたるおそれがあるから、絶対それにはふれない。)

と、いう日本公使館側の真意を解することの出来なかった国民政府は、

(日本は、帝の背後になって、何事か策動しはせぬか。)

というような、疑心暗鬼の取越し苦労から、種々と陋劣な小策をめぐらしていた。

裏面では、帝の身辺を覗う一方、新聞を買収して、日本公使館、日本政府に非難攻撃の鋒先を集中して、第三国との離間を試み、時を計って、馮玉祥が表面から、帝の引渡しを要求してきた。

帝は、公使や、延いては日本政府に、迷惑の及ぶことを虞れ、ひそかに北京を脱れる決意をされた。

父祖三百年の夢をとどむる北京城内に、現在は身の置き処もない帝は、再び此処へ

何時還れるとも知れぬ旅路にのぼらなければならなかった。

二月二十三日夜（大正十四年）――。

北支那の夜には珍らしく、風がおさまり、如月の空には、凍てつくような、朔北の星がキラキラと輝いていた。

スケートで足を挫いて寝て居た芳沢公使の枕辺に寄られた帝は、払えども、後から後から、抑える術もなく迫ってくる離愁の情に、むせびながら申されるのであった。

「永々と、いろいろ御親切を辱うしました。御芳志に報ゆる術もなく、此処を去ることは、まことに、忍びがたいところです。しかし、これも、四囲の事情から余儀ないことです。どうか、一刻も早く健康を恢復せられますよう……。」

「……辱けないお言葉、有難う存じます。途中の御無事を祈ってやみません。」

挨拶の言葉も、とぎれとぎれだった。

孤影悄然と、館を出た帝は、帽を脱られて、階上の方を仰ぎ見た。窓辺には、傷ついた足を曳きながら、夫人に助けられて、帝の平安を祈る、芳沢公使の顔が見えた。

幾たびか帽を脱っては、無言の別れを告げて去られる帝の後姿を見送る芳沢公使の頰を、熱涙が滂沱としてながれ落ちた。

北京を脱れて

北京の、日本公使館を後にした帝は、粗末な洋服にマントを著て、天津行の三等列車の板椅子へ腰を下ろされた。

「この方は、日本人だが、暫(しばら)くの間よろしくたのむ。」

帝を案内した一人の日本人が、傍の兵士に言うと、すッと姿を消してしまった。

その三等室には、北京の城外にあふれた、馮玉祥軍の雑兵が乗込んでいた。油であげた南京豆を、むしゃむしゃやっているもの、安煙草(やすたばこ)の煙を、あたりかまわず吐き出すもの、病毒に侵されて、糜爛(びらん)した掌を、黒くなった布で巻いている者、悠然と水煙草の道具を取り出して一ぷくやっているもの——それに、言いようのない臭気が室内にこめていた。

この馮軍の雑兵の中に、唯一人、帝が乗込まれようとは、何人も想像していないことだった。

虎視眈々、帝の一身を覘(ねら)っている暴戻無残な馮軍の真只中に入って北京を脱れる事は、虎の尾を踏むよりも危険な事であるが、これは、敵の意表に出る、大胆な計画であった。

帝一人を、三等室へ残して、僅かの従者達は、二等室の方に陣取っていた。

停車するどの駅でも、銃剣を光らせた、馮軍の凄い眼が、すなどるように、車窓をのぞき込んでは行きすぎた。従者達は、その度に、三等室に只一人居られる帝の安否を気づかって、心も空に、手に冷汗を握るのだった。

北京、天津間の、最大難所は豊台（フォンタイ）であった。其処には、国民軍の兵営があり、車内の調べも特に厳重なのである。

「豊台ッ——」

「豊台ッ——」

月台（プラットフォーム）の打水に、寒夜の星が横顔をうつして居るのを遮って、一行の乗った列車は豊台へ停車した。

雑兵が、ドヤドヤと車内に入り込んで、乗客の顔や、服装や、所持品を無遠慮に、とがった眼でジロジロと睨みまわした。

「君は何処から来て、何処まで行くんだ。」

「何の用件で行くんだ。」

「乗車券を一寸見せろ……。」

時には、行先や、到着先での目的を訊いたり、乗車券を調べたりして、銃剣をつけた兵士達は、だんだん、帝の乗って居る三等室の方へ近づいて行った。

「君は？」

一人の兵が、帝の前へ立止って訊いた。二、三等を区画する硝子扉を隔てて、それとなく注意して居た従者達の心臓は、

（はッ！）

（さては？）

不安に慄然とした。ピストルの安全鍵を除けて、イザという時の用意をする者もあった。

「あ、この人は、日本人だよ。」

帝の傍で、水煙草を悠然と吸って居た一人の兵が言った。

帝は、この名も知らぬ一兵の親切に、思わず微笑まれた。それがまた、巡察の兵によほど宜い印象を与えたらしく、

「そうか、日本人かね、しかし此処は兵隊の乗るところだから、こんな処に居ちゃいかん。彼方に地方人のいる処があるから、其処へ移ってくれ給え。」

巡察兵は、帝の服装を見ながら、日本の商人か何かに思ったらしく、不躾な態度で言った。

「そうですか、どうも、不馴れなもので……。」

帝は、あざやかな日本語で言うと、水煙草の兵の親切に心の中で感謝しながら、二等室を隔てて、牽引車のすぐ後に連結されてある、地方人の居る三等室の方へ移られた。

間もなく発車の鈴（ベル）がなって、豊台駅を無事に通過することが出来たので、従者達はやっと胸を撫で下した。

帝の一行が、吉田茂氏や、古城秀胤氏の出迎へを受けて、天津のヤマト・ホテルに入ったのは、払暁の三時頃であった。

帝より一足遅れて、鴻秋妃も、ヤマト・ホテルへ赴かれた。

髪を束髪にし、日本の着物を着て、黒眼鏡という変装で、日本婦人を装おって、北京を脱出したのであった。

清皇室駐津弁事処

ホテル住いから、間もなく、帝は日本租界宮島街にある、張園（ちょうえん）に赴かれた。

此処は、曽て（かつ）張勲等と共に、復辟運動にたずさわって居た重臣、張彪（ちょうひょう）の別荘であったが、その後、そこも広すぎるというので、同じ宮島街の静園に移られたのであった。

そして、静園は、帝御夫妻にとって、紫禁城以来はじめて見出された安住の地であった。

帝は此処で、再びかねての日課である勉学にいそしまれたり、シェリーやテニスンの詩を愛誦したりされていた。特に、鄭孝胥（後の満洲国総理大臣）について、支那歴史を極められた。

鴻秋妃も、帝と御一緒に、修養の道にいそしまれ、その余暇には、久しく中絶していたテニスやゴルフ等の運動にも時をすごされた。

この、宮島街の静園が、所謂、清皇室駐津弁事処なのである。

禅譲の帝、溥儀氏となられてから二十年、父祖三百年の覇業の象徴たる、紫禁城を後に、国民軍の銃剣を脱れて天津の日本租界へ移って、一天津市民となられてから六年余、柳条溝に投じた王以哲軍の一弾が、端なくも、満蒙三千万大衆の救いの烽火となり、忍苦の幾星霜をすごされた、宣統帝に、新国家の元首として出盧を願う日が来たのである。

奉天に出来た満蒙自治の準備委員から、初めて密使が、天津の居宅を訪れた時、帝は中庭で、鴻秋妃を相手に、テニスをして居られた。

「奉天から曹貞（仮名）氏がお見えになりましたが……。」

侍者の言葉に、気軽にラケットを置かれた帝は、ダリヤの花の咲き乱れている花壇の前を抜けて、応接室へ入いられた。

奉天からの密使

多少古びては居るが、厚い絨毯を敷きつめた応接室の、龍と鳳凰を、金糸銀糸で刺繍した屛風の前に帝が立たれると、曹貞は、静かに頭を下げて言った。

「――実は些か折入ってお願いの儀がございまして、御拝謁たまわりましたのです。……申上げますまでもなく、既に御耳に達して居りますことでもございましょうが、唯今、清朝発祥の地満洲には、国民政府の羈絆から脱して、独立自治の機運が台頭いたして居りまして、その自治準備委員会まで組織されて居ります。就きましては、新国家の元首として、陛下を推戴したいという、委員会からのお願いなので、それにつきまして、予めその御内諾をたまわれますればと存じまして、使者として参上いたしましたような次第でございます。」

帝は紫檀の椅子にかけながら、黙って使者の言葉を聞いて居られたが、

「そうですか、お話の趣旨は誠に結構な事ですが、元首の相談なら、予よりも、他に

適当な方が居られる事と思うが……。」

　と、洩らされた。

新聞で、既に恭親王（きょうしんのう）が北陵参拝をしたりして、表面的に働いて居ることを知られて居た帝は、それとなく、他に適当な人が――と言われたりして、軽く拒絶せられたのであった。

　これは単に儀礼的に申されたものではなかった。帝はかつて、清朝最後の皇上としての、封建的で、窮屈な生活を不自由なものと思われていたので、

「予も実行家かなにかになって、独自の生活をしたいのだが。」

と、側近の人達に述懐されたことも、一度や二度ではなかったということであるし、また歴史に造詣深い帝は学者として、清朝史を書こうか、とも考えられていた。

　だから、新国家の元首に、というようなことは好ましい事ではなかった。

　帝の、それとなしに拒絶の意をふくんだお言葉を聞いた曹貞は、その意中をはかり兼ねるもののように、

「満蒙三千万民衆のために、枉（ま）げて御内諾たまわりたいものと存じますが。恭親王のことも一部の人の噂にのぼって居ります様子ですが、親王には、さしたる民意もないものと思われますので。」

と言った。事実委員会は、恭親王の奉天乗込み、北陸参拝などは黙殺していた。

「予は若年にして遜位以来、民間にあって、門を閉し、読書をこととして日を過ごし、外界のことを聞くことさえ稀であった。祖先以来の国家が危急に瀕しているということは、いたく我が心をいためるものの、予は才幹（さいかん）にとぼしく、徳も足りぬ。閲歴に乏しく、学問の少ない予は、国家を治める術にも暗い。殊に事変直後のこととて、前途には種々雑多な困難が横たわり、民衆の苦難もその極にあり、一髪危急存亡を決する場合である。この時局を処断する者は、才幹中外に通達し、古今を融貫する聖哲でなくてはならぬ、薄徳（はくとく）予の如きものは、断じてその任に堪うるところではないと思考するので、元首の儀は万々（ばんばん）お断りしたいものです。」

帝は、じっと考えられてから、他に人を求めるようにと断られた。

密使は一応、帝の御前を退いた。

「さあ、ツー、スリイだったね、続けよう。」

曹貞を返した帝は、再びテニス・コートへ出て来られた。

「御用件は、もうお済みになったのでございますか。」

プラタナスの蔭の椅子に休んで居られた妃が、静かに腰を上げながら申上げると、

「そう、もう済んだのだ。」

と、帝は微笑まれながら言って、ネットの向う側へ立たれるのであった。

出盧進言

駐津弁事処を後にした密使は、すぐその足で、羅振玉の邸を訪れた。さすがに委員会から選ばれて、帝の前に使する程の者である。曹貞は、一応の拒絶のお言葉だけをもって、そのまま、なす術もなく、奉天へ引返すようなことはしなかった。

曹貞は、帝の信任あつい羅振玉や、侍講にあたる鄭孝胥を動かして、御出盧を慫慂せしめよう、と考えたのであった。

羅振玉は清朝の遺臣で、支那でも有数の学者である。曽て国民政府の忌諱にふれ、日本に亡命中は、京都帝大に招聘されて、考古学を講義したりした人であるが、後に許されて支那へ帰ってからは、心機一転、書を捨てて美術商をやったり、文房具工場の経営にあたったりして、碌をはなれて十余年、飢じい思いを続けていた清朝の遺臣達に、塩酢の資を頒けたりして、重臣中でも重みのある人であった。

また、鄭孝胥は、七十余の老学者で、北京時代からの、帝の侍講だったが、事変当時も、宮島街の居宅へ伺候して、支那歴史を進講していた。

曹貞から、委員会側の意向を詳細聞いた羅振玉は、
（帝にも、いよいよ御運が向いてきたというものだ。）
と考えて、早速御出廬を進言したのであったが、帝の御返答は、さきに、曹貞に応えられた時と同じであった。

元首の位

或日、羅振玉の邸を出た、一台の自動車のクッションに、長身痩軀の老人が体を埋めていた。

これは羅振玉に呼ばれて、帝の出廬について相談を受けた、鄭孝胥老人である。

その自動車は、一路、日本租界宮島街にある、帝の居宅へ向った。

（うむ、帝も、二十年もの長い間、兵乱に悩まされながら不遇のうちに過ごされてきたが、今度はいよいよ御運が向いてきたというものだ。馬占山（ばせんざん）の黒龍江軍は風のように消えてしまったし、張学良の軍兵は、蝗（いなご）のように、錦州（きんしゅう）のはての方へ飛んで行ってしまったわい。ふふッ、それにしても、羅振玉先生、宣統帝に元首の位をおすすめしてもお聞き入れがなかったと、正直に白状しおったわい、かくなる上は、ひとつ、儂（わし）が遠廻しに御意見をして、屹度、御承諾を得て見せるわい、ウフフフフ……。）

鄭孝胥は、わけもなく微笑みながら、クッションにゆられて居た。

やがて自動車は、駐津弁事処の前へ停った。庭の芝生や植込みの樹木等も、素人手で出来る程度の手入れがしてあるだけで、全てに切り詰めた、日常の生活をものがたっている。敷石を踏んで学問所へ入る鄭孝胥の足どりも、今日は、いつもより元気に見えた。

「これから支那歴史の時間でございます、今日は、隋の文帝、南北一統のところですが、少し順序を変えて、唐史の第二章、唐の太宗、衆望をになって元首の位に上る、というところを御進講申上げます。」

老学者は鹿爪らしい顔をして言った。すると、帝は早くも鄭孝胥の心のうちを見てとられて、

「老師、老師は、予に、新国家の元首になれと勧めたいのでしょう。」

と、洩らされた。

「それがお解りですか、それでしたら申上げるまでもなく、昨日、羅振玉がお勧めしました通り、満蒙三千万民衆の希望に応えて、新国家の元首の位に御出廬願いたいと存じますが。」

「そのことは羅振玉にも申した通り、予は、その器でないと思うから。」

「それは御謙譲のお言葉としか受取れません。陛下が、満蒙新国家の元首にお成りなさいますことは、清朝御代々様に対しまして、誠に至上至高の御孝道かと存じますので、押してお勧め申上げます……。」

鄭孝胥は、古今の史籍から引例して、種々とお勧め申上げたのであったが、帝は、やはり、才幹にとぼしい予の如き者がこの重大時局の収拾にあたるべきではない、というお答であった。

軍閥の足溜りとなった天津

密使が天津へ乗込んだこと、羅振玉や、鄭孝胥等、清朝の遺臣達が動き出したことは、張学良や南京政府の一大驚異であった。

一方、新国家建設運動はますます火の手をあげ、その勢は高まるばかりで、干忠漢（かんちゅうかん）、張景恵（ちょうけいけい）、熙洽（きごう）、馬占山（ばせんざん）、湯玉麟（とうぎょくりん）、齊默特色木丕勒（チムトシムベロ）、貴福（きふく）の諸氏の間には、完全な諒解が成立し、国体、政体、元首等に関する協議が順調に進められていた。

この上、宣統帝が出廬されることは、張学良や南京政府の勢力が、永遠に満蒙の天地から除外されることを意味するのである。其処で彼等は、あらゆる権謀術数をめぐらし、叛軍、敗残兵、匪賊等を煽動して、国内の攪乱を計り、新国家の誕生を妨害すると共に、便衣隊、暗殺者等を天津に送って、新国家の元首に擬せられている帝の身辺を覗(うかが)わせたのであった。

上海で、この情報に接した私は、急遽天津へ急いだのであった。

（南京から暗殺隊が潜入したとすれば、先ず第一に、帝を安全な処へお移しして、出廬のお勧めなどは、その後のことにしなければならない。）

と、考えたからである。

私が駐津弁事処を訪れたのは、丁度鄭孝胥が帰った後だった。

その頃、天津は、張学良等旧軍閥の遁走の足溜りとなり、いつ何時、銃砲火の見舞を受けるかもしれない、文字通り、戦々兢々たる雰囲気が街中にあふれていた。

駐津弁事処で鴻秋妃にお会いした私は、一刻も早く、帝を天津以外の安全な地にお移しすることについて、種々相談した後、イギリス租界のホテル・サヴォイに入った。

しかし私は休息する暇もなく、羅振玉、鄭孝胥等と会談して、帝に出廬をお勧めする前に、何処か安全な地へお移し申すことの方が先決問題であることを説いた。

その結果、鴻秋妃をはじめ、羅振玉、鄭孝胥等が、帝に、元首として御出廬されると否とは別として、一刻も早く天津を脱出されることをお勧めすることになり、私はその手筈の打合せのために、北京、大連、旅順、奉天と走り廻った。

爆弾の贈物

鴻秋妃や羅振玉等が、南京政府の便衣隊や暗殺隊が潜入して居ることをお耳に入れて、天津脱出をお勧めしたにもかかわらず、何事にもものがたい考え方をされる帝は、天津脱出は、即ち元首たることの御承諾、というように考えられたのであろうか、御身の危険を充分に御承知でありながら、天津を後にする、とは決して申されないのであった。

（何処へ遁げようとも、また百千の警護を侍らせようとも、起るべくして起る災厄は避けがたきものだ。）

というように、悟りきったお考えで居られたのかもしれない。

大連、旅順、奉天と走り歩いた私は、帝の御座所や警護の手筈等を、各方面の人々と打合せて、一週間の後には再び天津へ戻ってきた。

ところが、この間に何者かが帝に爆弾を贈って、人々を驚愕させた事件がおこった。天津在住の日本人某氏（かねて帝と御面識のあった人）の名儀で、或る日立派な果物の籠が帝のお手許へ届けられた。その晩御夕食の時、何気なく帝がその蓋を開けようとされると、轟然耳を聾するばかりの爆音と共に、果物籠が飛び散った。

某氏の名をかたって贈った果実籠の中には、蓋をとるとき爆発するように仕掛けた爆弾が入っていたのであった。

幸いにも、帝は微傷一つ負われなかった。

諸新聞は、この憎むべき仕業を、張学良の便衣隊、または南京政府の暗殺隊の行為と推定していた。

帝もまた、爆弾の破片や、果物の散乱している裡に立って、同じことを直感されたのであった。侍者達の立ち騒ぐ居室の中で、帝は傍らの鴻秋妃に、

「支那の軍閥は、さきに予から皇帝の位を奪い、紫禁城の住居を追い、貧しい一天津市民にまでつき落して置きながら、この上、予から何を奪おうとするのだろうか。予の心のうちも知らないで！」

と静かに言われたのであった。妃は帝を御慰めするように、やさしくお応えした。

「まことに、なんと申しあげてよいやら、恐れ多いことでござります。しかし、陛下のお住いになられる地は、北京や天津とばかり限ったことではございません。いま、清朝発祥の地、満洲には、三千万の民衆が、陛下をお待ち申して居ります、その人々は、新国家の元首として、陛下をお迎えしたいと切に望んで居ります。恥知らずの軍閥政府の迫害に心細く生きて行かれますよりは、新国家の建設のために、私達も思い

きって、満洲の地へ参ることにしては如何でございましょう。」

帝は黙って、それを聞いて居られたが、

「そうか、そなたも、そんなふうに考えて居られるのか。」

と、洩らされた。

「このまま、天津に止まることは、この上もなく危険なことだと存じます。羅振玉や鄭孝胥もその事を心配して居ります。それに、多くの人々の切実な希望を、無下にお拒（しりぞ）けになるのも宜（よろ）しいことではないと存じます。」

帝の心は、このとき、はじめて、動かされたのであった。

「それほどまでに、予のことについて、側近の者に心配をかけるのも本意ではないから、元首就任の諾否とは別に、一応天津を去って、満洲の地を踏むことにしよう。」

「そう御決心下さいますれば、何よりの事でございます。では、満洲へすぐ発つことにいたしましょう。」

「だがこんなものを、此処まで届ける程だから、邸の内外には、すでに軍閥の手が伸びて居ることと思うが、そう簡単に此処を脱出することができるであろうか。」

「それは、側近のものが、種々と手配をして居ります。」

鴻秋妃は、やっと、帝が天津脱出をお聞き容れになったので、愁眉をひらかれた。

天津を脱れて

柳条溝に一弾が投じられてから五十余日、十一月十一日の夜、いよいよ帝が天津を脱出される時がきた。

物情騒然たる市街には、無数の便衣隊、暗殺隊が横行していた。三日前（十一月八日午後十時、天津事変勃発）から、日本租界も、香椎(かしい)駐屯軍司令官によって戒厳令が布かれ、各所に土嚢(どのう)が積み重ねられたり、鉄条網が張りめぐらされたりして、軍馬の往来も慌(あわただ)しく、硝煙の香が、街の角々にまでたちこめていた。

この物情騒然たる街の真夜中、（正確には、十二日の午前二時頃）宮島街の清皇室駐津弁事処の裏門から、一台の自動車が音もなく辷(すべ)り出した。

客室燈(ルームライト)はもちろん、前部燈(ヘッド・ライト)も尾燈(テール)も消した自動車(くるま)は、常盤街、旭街を過ぎて、フランス租界の郵船碼頭(まとう)へ急いだ。車中の人は宣統帝をはじめ、側近のもの数名であった。黒の背広服にハンチングを目深に冠った私はハンドルを強く握りしめていた。

自動車は一度、公安隊の巡警に誰何(すいか)されたが、そんな事には頓着なく、フランス租界へ出ると、ハイ・スピードで碼頭へ急いだ。

大きな倉庫の建ちならんだ白河の郵船碼頭へ出ると、自動車は急停車した。

キキッー、という軋滑（スリップ）の響と共に扉（ドア）が開いて、タ、タ、タッと、数人の黒い影が車中から飛び出すと、逸早く船附場に用意された三百噸（トン）余の小さな汽船の中に消えた。船は、軽い推進機（スクリュー）の音を残して、白河を下った。船尾には比治山丸（ひじやままる）と書かれて居るのが、闇の裡に微かに見えた。

その船影が夜陰の中に見えなくなるまで見送った私は、すぐまた、次の仕事の用意にかからなければならなかった。私には、まだ鴻秋妃を安全な処へお移ししなければならない重大な任務が残されていたのであった。

郵船碼頭から、全速力で、イギリス租界へ自動車（くるま）を飛ばした私は、ホテル・サヴォイに入って、帝の途中の平安を祈りながら、鴻秋妃を安全な隠家へお移しするプランを考えていた。

難関・軍糧城

一方、宣統帝をお迎えした比治山丸は、間もなく（十二日の未明）天津から塘沽（タンクー）までのうちでの最難関、軍糧城の関門にかかっていた。此処には五千の支那兵が駐屯していた。

帝国の御室にあてられた船室（キャビン）には、畳を立てかけ、さらに鉄板をめぐらして万一の用意をなし、西田船長はじめ警護の人達は、手に手に小銃やピストルを持ち、身を挺して、帝をお護りすべく覚悟をきめていた。

果して関門にかかると、河岸の闇の中に赤い信号灯が円を描いてゆれた。

「停船！」

の合図なのであった。

（ああ無念――、此処まで来て、彼等の手に渡ろうとは……。）

一同は手に汗を握って、最後の覚悟をきめた。

支那人の舵手の腕が、覚束無（おぼつかな）げにぶるぶる震えだした。これを見た船長は、ガラリと銃を捨て、

「僕が一寸代ってやろう。」

と言って、舵手を押しのけると、そのたくましい手で方向舵（ラダ）を握った。

船長は、グッと速力を落し、舳先を、停船信号を発している支那兵舎の方へ向けた。

何たる事だろう、船長自らが、呪うべき敵の牙城へ船首を向けるとは？

「船長ッ！」

「船長ッ！　どうするんですッ⁉」

気の早い船員達は眼を血走らせて叫びながら、いまにも船長を突きのけて、舵を奪

おうとして操舵室へ飛び込んで行った。

「シッ！　黙って！　黙って俺にまかせて置け！　君達は、この大事の時に部署をはなれるのかッ！」

沈着な船長は、悠然と構えながら言った。

船と兵舎との間隔は一秒毎に接近して行く——すると看守兵達は、御用船とでも思って安心したのか信号をやめた。その一瞬、船首は急回転し、グングン速力を増して中流へ乗出し、更に航速を高めて下流へ下流へと、水煙を立てて急航した。

兵舎がはるかに遠ざかり、赤い信号灯が再び停船の合図をした。
タ、タ、タ、タッ！
ダアーン、ダアーン！

兵舎の方から、機関銃の音が、小銃の音が暗夜を突き抜けるように響いてきた。

ドッ！　ドッ！

ピュ一ン、ピュー！

シュッ、シュユッ！

銃弾が、ドッと舷側（サイド）に当って撥（はじ）ける、ピューンと気の抜けたような音響を残して船首をかすめる、シュッと水の中に落ちる。どの銃弾も、もうかなり発射地点を遠くはなれていることを物語るように力がなかった。

敵の意表に出た船長の機転が、見ごとに成功して、難関、軍糧城の関門を首尾よく突破することが出来たのである。

あくる十二日の朝、帝の御一行は早くも塘沽にお着きになり、越えて十三日の午前九時には、渤海湾を横断して、営口満鉄桟橋に到着せられたのであった。此処で暫くお休みになった後、帝は旅順の御仮寓に向わせられた。

それから間もなく、宮島街の居宅から脱出されて、日本租界の某所に居られた鴻秋妃は、吉田夫人や私達を御同道に、旅順の御仮寓に急がれた。

旅順で、帝の仮のお住居になったのは、元の粛親王府（しゅくしんのうふ）であった。これは、二十年前、袁世凱の迫害を脱（のが）れて家族と共に北京を後にした私の父が、当時の関東都督府の厚意によって提供された邸であった。

帝政か共和制か

王以哲軍が点火した柳条溝の一炬から数えて五ヶ月余、各地方代表間に完全な諒解が成立し、昭和七年二月十六七日の両日にわたって、満蒙各代表の建国会議が開かれた。この奉天の満蒙自治準備委員会は、委員長に張景恵氏を擁し、臧式毅（ぞうしきき）、馬占山、熙洽、湯玉麟、凌陞（りょうしょう）及び齊王の諸氏を委員として、東北行政委員会と名づけられた。新国家建設の産婆役である東北行政委員会の席上、最も論議の対象となったのは、国体と政体を如何にするか、という問題であった。

東北行政委員会は、ここに、（二月二十四日）新国家の組織大綱を決定し、（イ）新国家を満洲国と称し、（ロ）元首を執政とし、（ハ）国旗を五色旗に、（ニ）年号を「大同」に決し、（ホ）政治はすべて民の総意によるものとし、（ヘ）国都を長春（新京）に定め、これを日支英三ヶ国語で中外に発表（二十五日）した。

しかし、此処までこぎつけたのは、国体問題に関して議論百出の紛糾を重ねた後のことであった。熙洽、張燕卿、謝介石、貴福代表邵麟（しょうりん）の諸氏が帝政を主張するに反し、張景恵、臧式毅、馬占山代表趙仲仁（ちょうちゅうじん）の諸氏は立憲共和を叫んで互に譲らなかった。

帝政派の総帥は熙洽で、氏は由緒ある満洲旗人（きじん）で、かねて清朝の復興を志していた人であるだけに、宣統帝を王座に拝するのは、この機会であると信じていた。

ところが、帝政派に対しては、宣統帝を擁して今日直ちに帝政を布くことは、決して民心を得る所以ではない。また一面、復辟を敢て為すのではないかというような誤解を招き、徒らに、対外関係を困難ならしめるおそれがある、という論難があり、共和派には、大統領制を置くにしても事変直後の今日、極めて民度の低い国民に如何にして選挙を行わせるか、という難問題があった。

この元首問題が、種々と紛糾を重ねたのは、国体を共和国と決しながら宣統帝を推戴しようとするところから起ったものとも言えるのである。

もしも、最初から帝を推戴しようという意見が無かったとすれば、他の人が初代大統領の印綬を帯びることになったかも知れない。当時、事変勃発直後で、未だ事態が如何に変化するかも分らない時から、最くも一身を挺して建国工作に先駆していた、袁金鎧はどうか。というような意見も、一部には台頭した程であるから、勢いのおもむくところ、或はそうなったかもしれないのである。

ところが、共和派の主張者も、他に人を求めるまでもなく、宣統帝側で快く元首としての出廬を聞き容れられるならば、その血統といい、前地位といい、全く申分がないことを信じて居たのである。しかし、帝政派は、宣統帝を元首として推戴する以上、大統領という形式では不満であった。

つまり、宣統帝を元首として推戴しよう、という意見は、委員会全体のものなのであるが、「皇帝」としてお迎えするか、「大統領」という形式で迎えるか、というのが論議の中心であった。

このことについて、帝の側近の人々帝政派と、共和派の人々が幾度も折衝を行った結果、次第に双方の意見が疎通し、一つの折衷案ともいうべきものが成立した。

帝政派のためには、「大統領」の文字を避けて「執政」の名を用い、就任は選挙を行うことなく推戴の形式により、任期も終身制を採ることとし、共和派のためには、「皇帝」の名を避けて、建国運動当初の方針に従い、依然「共和」たらしめること、というようになり、相方の主張の一端を取捨して、一致協力、大理想に邁進することになったのである。

一念去らざるものは民生の休戚

両派の折衝成って、二月二十九日には、新国家の基本法たる、「政府組織法」「人権保障条例」等の草案を決定し、新国家の元首としてお迎えすべき、宣統帝の旅順の御仮寓へは、張燕卿、趙仲仁、葆康（ほうこう）、馮涵清（ひょうかんせい）、凌陞、蘇宝麟（そほうりん）の諸氏が、各省の代表者として、執政就任を懇請すべく伺候した。

しかし、謙譲な帝は、さきに天津で密使に内諾を求められたときと同じお考えから、

「薄徳（はくとく）予の如きものの能（よ）くその任に堪うるところではない。」

と、この正式な推戴使の申出をも、一応鄭重に断られたのである。

翌三月一日には、いよいよ満洲国建国宣言が公にせられ、三千万民衆の歓呼の声は満蒙の山野に鳴り響いた。

越えて三月四日、第二推戴使が、前記の六名の他に、二十三名の各界代表者を加えて、再び御仮寓に帝を訪れた。

「我が満蒙の各地は、連年戦争の惨禍を蒙って、人民はひとしく水火の苦しみを受けていたのであります。幸いに隣師の力によって旧軍閥を追い、ここに民はともに力を協せて更始一新、新に満洲国を建設するに至りましたが、しかし人民の上にはこれを統治する者がなくてはなりませぬ。東北行政委員会では輿論に徴し、群情を察し、熟慮を重ねた結果、我が満洲統治は、一に、宣統帝にお縋りしなければならないこととなりました。帝は幼冲にして遜位され、人民を戦争の惨害から救われましたが、その後二十年、潜居せられても声誉ますます高まるばかりであります。我が三千万民衆一致の懇請を容れられ、仮りに満洲新国家の執政に就任せられんことを、謹みてお願い申上げます。想うに、さきには民を救うがために尊貴の地位を弊履の如く棄てられましたが、いま、国を救うがために、執政に枉げて御就任下さることは、決して御初志に悖るものでは御座いませぬ。ましてや、満洲は御祖宗の旧邦であります。仰ぎ願わくは、民意に俯順して、即日任に就き、人民の望みを慰められとう存じます。」

一行は何としても帝を動かそうと、巌の如き決意と、赤誠のこもった真情を披瀝して、帝の至情に愬えたのであった。

一同がおそれたのは、「執政」という特殊のお待遇を申上げるという点である。

しかし、聡明な帝は、二十年前、紫禁城脱出以来、深く有為転変を悟られ、人生に対して透徹した見解を有たれ、虚位虚名が如何に空しいものであるかを切実に痛感せられて居たので、執政といおうが、皇帝と申そうが、今更単なる名目などに拘泥されるようなことは全然なかった。帝にとっては、名よりも民生の休戚を顧ることの方が大切であった。かつて、

（予に対する職名、地位などはどうでもよい。もし、出廬を請われてこれに応ずるとすれば、連年生死の間に呻吟する民衆を救って、この祖宗発祥の地を最も平和的な最も典型的な楽土たらしめることをこそ、ただ一念冀うの外、また何の求むるところがあろう。それによって、祖宗に対し、何ほどかの感恩報謝を行うことができれば、これに過ぐる満足はない。）

と、側近の者にお考えを洩らされた程である。

蔣介石の使者

推戴使一行の熱心なる懇請に動かされた帝は、ここにはじめて出廬の決意をかため

られたのであった。そして、

「満洲事変後、久しく統治者を欠くので、大義を以て予に執政の位に即けといわれるのに、なお且つ躊躇したのは、決して予一個の都合のみに因るのではない。満洲国には、未だ、憲法が発布されていない。従って、国体もまた未定である。惟うに、世に完全無欠の法というものはなかろう。国体も軽重を計ってばかりいては、結局いずれとも決定できなくなるであろう。要は長短を知って定めなくてはならない。予は素より他人を強いて己に従わしめようともせぬが、また、敢て道に違い時代にそむくこともせぬ。国民が予に望むならば、愚昧ながら、勉めて一年間、執政の位に即こう。しかし予め約束する。もし予の施政にして三千万民衆の期待に副い得ないならば、辞職して謹んで他の賢能に譲ろう。もし一年の後憲法が成立し、国体が決定して、素志に合するならば再び徳を度り、力を量えて、その去就を定めようと思う。」

と、内諾を与えられたのである。

三月五日、いよいよ第三次の正式推戴使が旅順へ向った。迎接委員は行政委員長、張景恵以下十名であった。

ここで帝は、新国家の執政として出盧せられる旨を正式に確答せられたのである。

この間にあっても、南京政府、張学良等は新国家成立を妨害しようと試み、種々と裏面工作に狂奔したのであった。

　殊に蔣介石は、

「宣統帝の一行が天津を脱出して旅順へ――。」

　と聞いただけで、パタリと、食事の箸を落す程、驚愕したということである。

（これは、どうしても、溥儀氏を説得して、新国家に君臨されることを予め妨げなくてはならない。そうでないと、新国家は磐石の重みを加えて、国際連盟などに、いくら諂(へつら)いを言っても、どうにもならなくなるだろう。）

　と考えた蔣介石は、嘗(かつ)て帝の侍講であった人に意をふくめて、旅順の御仮寓へ急がしめ、

「おそれ多くも、清朝第十二代の皇統を継がせられて居ります皇上が、その尊い御身をもって、事もあろうに、明日をも知れぬ新国家とやらに君臨されようとなさることは、何たる危険でござりましょう。臣はそのことを思うと、一刻も、この胸が休まりません、早く旅順の御前に伺候して、諫止(かんし)申上げようと思って取るものもとりあえず謁を請うた次第でござります。皇上には、よもや世界の現状を、御存じないことはありますまい。彼の国際連盟の動きを御覧なさりませ、列強各国は、所謂満洲国なるものをもって、日本の野望を充たす一の道具にすぎぬと、論破しているではありませぬ

か。既に全世界の非難攻撃が、かくなる以上遠からず全世界の力がこれに干渉を加えることは、火を睹るよりも明かな事でござりましょう。日本が如何様に豪語しましょうとも、全世界を敵とすることは出来ませぬ。かの遼東半島に対する三国干渉の実例をもって見ましても、日本はやがて中華民国に満洲を返さなければならない時がくるでござりましょう。その時に、我が皇上には如何なされまする、皇后はどうなられまするか、臣の一念ここに想い及びまするとき、慄然膽を冷やされる思いでござります。願わくは、皇上におかせられましても、この暴挙に組せられることなく、一切の申出を峻拒せられ、直に天津へ御帰還なさりませ。皇上が天津へ戻って、昨日までの閑雲野鶴をたのしむ御生活をなさりますならば、南京政府は前清皇室優待条件を復活して、歳費四百万元を奉献する用意も出来ているので御座います。願わくは臣の微衷をお汲みとり下さりますように。」
と、愬えさせたということである。

帝は、この芝居がかりの愬えを苦笑をもって聞いて居られた。
（予を見損うな、一片の利慾をもって、公事を決する予と思うか――。）
というお考えが心のうちにあったからである。

そして、勧告は勿論はっきりと拒絶されたが、この使者には、厚く旧誼を謝し、懇ろに労を犒って帰したのであった。

王道楽土の建設

執政就任を快諾された帝は、三月六日（昭和七年）早くも旅装を整えられ、鴻秋妃の外、羅振玉、鄭孝胥等の諸氏を随えて旅順を出発せられた。このときの帝の御いでたちは、紺の背広服に草色のオーバを着用になり、黒眼鏡をかけて居られた。

帝は一旦、湯崗子の対翠閣で休息された後、八日の午後三時には、長春（新京）駅頭へ、元首としての第一歩を印された。

駅頭にあふれた幾千の官民は、沿道を埋め、五色旗をかざし「皇上万歳」を叫ぶ声は天地に響きわたった。

明けて九日、空は一眸万里を遮ぎるものもなく霽れ渡り、街に、野に、山に五色旗が翩飜としてひるがえり、行き交う人々の面には、新生の喜びが充ちあふれていた。

この日の午後二時半から、執政推戴式典の式場にあてられた元長春市政公所（現国務院庁舎）には、参列の光栄に浴した内外の官民がつめかけて居た。

満洲国側としては、鄭孝胥、羅振玉、萬縄栻、寶熙、張景恵、臧式毅、熙洽、馬占山、凌陞、張燕卿、謝介石、丁鑑修、馮涵清、齊王、各蒙古王及各省区、軍部代

表等で、外国人側は、本庄関東軍司令官、内田満鉄総裁、江口同副総裁、森独立守備隊司令官、板垣関東軍高級参謀、二宮憲兵隊長、小林海軍少将、山岡関東長官、駒井関東軍特務部長、大橋、森島、石射(いしい)の各総領事及び内外の新聞通信記者等百二十余名が、東西に居並んで威儀を正す。

三時——劉喨たる奏楽の音と共に、執政は張海鵬(ちょうかいほう)侍従武官長を先導とし、文武官八名を随えながら、正面の御座所へ運ばれた。

黒眼鏡にモーニングというおいでたちで、六尺近い長身を、半円の高壇に南面して立たれた帝は、鞠躬如(きっきゅうじょ)としてお迎えする諸員に御答礼の後、建国の創業に一身を挺した、東北行政委員会委員長張景恵氏が恭々しく捧呈(ほうてい)する満洲国璽を受けさせられ、次いで同委員会委員、臧式毅氏が黄金製の執政印を奉ると、羅振玉が壇上に一揖、朗々と執政宣言を代読した。

執　政　宣　言

人類は、須く道徳を重んずべし。種族の見あれば、即ち、人を抑え己を揚ぐ。その道徳たるや、甚だ薄し。人類は須く仁義を重んずべし。国際間の争いあれば、即ち、人を損し己を利す。その仁愛たるや、甚だ薄し。今、吾国を建つ。道徳、仁愛を以て主となし、種族の別、国際の争いを除去せむ。当に王道楽土はその実現を見るべし。凡そ我が国民たるもの、望むらくは共にこれを努めよ。

大同元年三月九日

満洲国執政　溥　儀

壮重厳粛寂として、しわぶきの音さえ聞えぬうちに、執政宣言が行われ、更に羅振玉は音吐朗々と建国宣言を朗読した。

つづいて参列者一同は観見の礼を行い、外賓を代表して南満洲鉄道株式会社総裁内田康哉氏が祝詞を述べると、執政はこれに対して、寶熙氏に答辞を代読せしめられ、午後四時十分、奏楽裡に壮厳な式を閉じた。

執政は、就任と共に、即日「政府組織法」「人権保障法」「暫く従前の法令を援用するの件」等の重要法令及び諸官制を公布し、ここに新国家としての大綱の機構を整えられたのである。

かくして、この英邁聡明なる若き元首を推戴した新国家は「積年軍閥盤踞し、秕政萃聚せる地を挙げて、一旦にして廓清」し、三千万民衆に、「蘇息の良機を与う」る、「王道楽土建設」の大理想にむかって邁進すべく、輝かしい出発をしたのである。

思えば帝の名によって、大満洲国の光輝ある歴史の開巻劈頭が飾られるまでには、蒙塵、遜位、脱出、また脱出、数奇を極むる二十幾星霜を閲みしているのである——。

上海R・M・C倶楽部

夜のデック

昭和七年の一月初旬――。

午後の六時に横浜を出帆した上海行の船は、それから三十分の後、港街のネオン・ライトが、ほんのり明るく夜空に描かれている光景を後に、星月夜の薄暗い大洋の上に、その巨大な姿を泛(うか)べていた。

たった一人で、この船の客となった私は、船室に入ると、かなり疲労していたので、早く寝る心算(つもり)で、その用意などもボーイに整えさせた。

(さて、これで上海へ着くまで、何十時間でも続けざまに寝入ってしまったっていいんだ、それまでは、何の拘束も受けない自由な私の時間(プライヴェート・タイム)だから――。)

と、思うと遽かに元気が回復してきて、その儘船室に引籠るのは、何んとなく勿体ないような気がしてきて、デックに出て、冷たい潮風に頬をあててから休もうと考えて、表甲板へ出て行った。

凍えつくような、一月の海の波頭をふき抜けてくる冷めたい潮風が、私のオーヴァコートの裾に戯むれ、なだらかに弧を描いたような甲板に突き当り、無電室に通じるアンテナを揺り動かしていた。

(いったい風って、どうして起きるのかしら。無生物の空気が、国際関係か戦争のように微妙に動くなんて、ほんとに変だ。それにアンテナが、あんなに揺れたら、音が顫えて聞えるのじゃないかしら……。)

私は疲れた頭に、そんなつまらない、愚にもつかないことを思いうかべながら、デックの上を行ったり戻ったりしていた。

前年の九月十八日の夜、王以哲の率いる一軍が柳条溝附近で満鉄線の爆破をやり、日支両軍が戦端をひらいてからこの方、険悪な排日的空気は、天津にも、上海にも飛散していた。そして、上海では、各種の排日団体が集合して抗日会本部まで設けられ、いつどんな、最悪の事態を現出するかも知れないような様子なので、私の乗った船も、向うへ行く船客は少なかった。

船客が少ない上に、外は凍えるような潮風なので、夜のデックへ出てみようなどという、ものずきな人もなかったのか、そのとき甲板に出ていたのは私一人だけだった。

時折、甲板部の船員達が、持場持場を見廻りに来るだけで、油と潮風の匂が混淆した空気と、船底から響いてくるエンジンの音だけが四辺をみたしていた。

（夜の船旅も静かでいいなあ、人生が、そして世界が、いつもこんなに静かなら、何も女である私が、男装なんかして、飛んで歩かなくとも済むかも知れないのに……。）

デックを踏みながら、そんなことを考えているときだった。

（おや、変だな！）

妙に、切迫した雰囲気に、いいしれぬ不安を直感した私が、四辺を見廻すと、私の居る反対側の舷側に、黒い人影があった。それが妙に気にかかるので、立停って注意して居た。

黒い影は、恐々した態度であたりを見廻していたが、急に、海へ体を跳らすような気配だった。

「あッ！　……お待ちなさいッ。」

デックを飛ぶようにして近寄った私は、すでに上半身を舷側の手摺に乗り越した人の背後から、帯のあたりを摑んで強く引き戻した。見れば、二十歳位の若い女だ。

「どなたさまか知りませんが、見のがして死なして下さい。」

相手は、消え入るような語調で、とぎれとぎれに言って、尚も私の手を振り放そうとした。

「こんなときは、劇でも映画でも、貴女のように、見のがして、死なして、と言うんですよ。」

私は、静かに、わざわざ冷然とした態度で言ってやった。相手に、己の現在の立場を、客観的に考えられるような、心のゆとりを取戻させようと思ってだった。

「済みません、いろいろ理由がありまして。」

女が、もう死を急ごうという気持から大分遠ざかって居ることが私にも感じられたので、

「どういう訳があるか知りませんが、さあ、船室へ戻ってから聞かせて頂きましょう。こんな処にいて、風邪でもひくといけませんよ。」

私はやさしく言って、自分の船室へ、その女を案内した。

すぐ床につこうとした程疲労していた先刻のことなど、すっかり忘れてしまった私は、ボーイをよんで、ケイクとお茶を命じた。

身投げの経緯

白く塗った船室のテーブルをかこんで、あつい紅茶を飲むと、大分落着いた気持になったらしく、女は、

「貴女が川島さんでいらっしゃいますか、新聞や雑誌で、よくお名前はうけたまわって居りますけど——。」

と、言って、死を覚悟するまでの経緯を話してくれた。彼女の名は久子と言って、故郷の女学校を了えると間もなく、現在の夫、武村に嫁いできたという。

武村昇は土浦町の川魚問屋の次男として何不自由なく育てられ、県立土浦中学校を経て、水戸の高等学校へ進んだ。小学校から、ずっと良い成績で高等学校まで進んだ武村は、郷党の人々からも、その将来に大きな期待をかけられていたが、——この期待があまりにも早く、みじめに裏切られるときがきた。

武村が高等学校の二年を終って、四月から三年に進もうとした時の三月十五日（昭和三年）の未明だった。

「本を買ってくる……。」

と言って上京していた彼は、東京の左翼団体（グループ）の移動本部（アジト）から検挙されたのだった。

真面目に家業をはげんでいた兄を初め、両親や兄弟たちの歎きは、一通りではなかった。

幸いにも執行猶予の寛大な処分で、彼は、実刑を受けなかったが、学業は中途で廃（よ）さなければならなかった。

故郷の人々の期待にそむいた武村は、その儘東京に居て、土浦へは帰らなかった。

そして、同じ町から久子が嫁いできた昨年の十月までは、業界から小岩波といわれるほど堅実な或る出版社に勤めて居る、という事に故郷へも言っていたし、二十歳になったばかりの久子も、そうとのみ信じていた。

久子は、小学校時代に神童とまで評判されたことのある武村が、いまは左翼運動から転向して、真面目に出版事業にたずさわって居るものとばかり思って、信頼しきって嫁いできたのだった。

ところが、久子と新しい家庭を持ってから間もなく、武村は、その出版社に勤めているのではないことを打明けた。

「あれは故郷の人達に安心して貰うためにああいうように言ったんですよ、久ちゃんは、まさか僕の勤め先に嫁いできたのじゃあないんでしょう、僕もそう信じるからこうして話すんだが、実は――。」

と、武村の語るところによると、彼は思想問題週報という、虎の門の近くにある、通信社に出ているのだった。

「久ちゃんは、僕の前のことからして、これも運動の一機関のように思うかもしれないが、これは純然たる営業団体で、ブルジョアの会社や大学や新聞雑誌に、思想問題の資料や思想団体の動行を通信する会社なんだよ。早く言えば前には取締られる方の組だったが、今は取締る方へ資料を提供するのが仕事って訳さ。」

久子は武村のそうした言葉をも信じていた。そして、女になって初めての、たのしい正月の、松もとれないうちに、

「急に会社の用件で上海へ出張しなければならないんだが、久ちゃんも一緒に行かないか……。」

と夫から相談を受け、私と同じ船に乗り合せたのだった。

武村と久子が上海行の船に乗って、もうすぐ解纜だというとき、その船へ逃げ込むようにして入ってきた男があった。

「武村君、今朝、社の方がやられて居るんだ。何の気なしに、いつもの通り出て行くと、社の前に見張りが頑張って居るんだよ。島木も松本も辨ちゃんもやられているらしいんだ。」

男は久子や、四辺の人に気を配りながら、小さい声で武村に言った。

「ほんとかい、おい稔ちゃん、島木も松本も、アド（住居）でやられたのか？」

武村は信じられない、というような顔で、その男に聞き返した。

「ほんとだよ、ほら見ろ、僕も東京はあぶないから……。」

そう言って、稔ちゃんと言われた男は神戸までの乗船券を示した。武村と同じ思想問題週報の記者で、村山稔（みのる）と言って、久子も二度程会ったことがあった。

「君達は一足お先というわけで、昨夜から横浜泊りとしゃれこんでいるし、僕は、それ、例のところへしけ込んで居たんで助かったんだ。社で残ったのは君と僕だけらしいんだ、他からの情報を集めて見ると、今度もかなり広くやられているぜ、それで、急いで君に知らせようと思ってやってきたんだよ……。」

「そうか、じゃあ内地の方が滅茶滅茶では、僕が上海へ行く必要もなくなるわけだな……。」

武村はそう言って考え込んでしまうし、久子は、

（また思想関係で追われて居るのだな。）

と、分って慄然（りつぜん）としてしまった。

思想問題週報は、表面営業的な通信社であったが、その実は三・一五、四・一六その他の左翼陣営に対する検挙から洩れた人たちや擬装転向者達が、合法的な通信社を組織して、そのかげで壊滅した組織の再建を企てている左翼グループなのだった。

そして、今度武村が上海へ特派員として行くのも、実は通信の仕事というよりも、国際的左翼団体の極東事務局上海分局（ビューロー）と連絡をとる使命を帯びているのであった。

村山と夫とのひそひそ話で、久子はそれを知ったのだった。

「それもそうだが、東京へ戻ったって御用弁が待って居るだけだぜ。僕もこの船で神戸まで行って暫く様子を見てみようと思うんだが、君達は乗船券も用意してあるんだし、すこし、むこうでかくれて居た方が宜いんじゃないかな。」

「うむ、いや、どうも、困ったことだ……。」

武村はまた首をうなだれて、考え込んでいた。

その時出帆を知らせるドラの音がなり響いた。

「これで、まず神戸までは安心だな。」

村山はそう言って、三等船室の一隅の方へ席をとった。

「昇さん、運動のことだけはやめて下さいません？　その外のことなら、妾どんな苦労でも偕にして参りますから……。」

久子はあたりの人にきがねしながら、夫に言った。

「他の苦労なら偕にするが、運動をするなら去ると言うのか⁉」

武村は、低いがするどい声で言った。彼は幼な友達の久子を好いていた、それで両親からの話があると早速、願ったり叶ったり、というよろこびかたで彼女をむかえたのだった。しかし、まだ左翼運動から転向しきってはいない、とは打明けてなかったのであった。

「去る⁉ ……なんてこと考えてもみたことありません。だけど左翼運動だけはやめて頂きたいと思います。そのことでは、故郷のお義兄さんや、お義母さまが、どんなに心配なさって居るか、昇さんにはお解りにならないのでしょうか――。」久子は、夫が現在でも実際運動に関係しているのを、故郷の人達にどうして詫びたらよいかと思った。

「分らないことは無いが、現在の僕に運動をやめろ、ということは魂を捨てろ、ということと同じです。――と、武村はいうのです。武村は、故郷の人達だけでなく、妾にまで偽りを言っていたのです。妾は故郷の皆さんに面むけも出来ないような、社会主義者の妻で、一生肩身せまい思いをして生きる位なら、一層のこと、死んで夫を諫めようと思ったのです。そこを、貴女に見つかって……。」

久子は、そう言って、身投げをしよう――と覚悟するまでの経緯を、私に語るのだった。

「そうですか、――でも、それ位のことで死ななくてもいいんじゃないでしょうか。もっとも、貴女の気持は貴女が一番よく分っている筈だから、私が、どうのこうのと言うのは僭越かも知れないけど、――でも、人間の思想なんて、熱病みたいなもんで、いつかは熱が冷めるときが来ると思います……。だから、決して気短かなことしない方がいいと思います。さあ、御主人が心配しているといけませんから、貴女の船室の方へ行きましょう。」

　そのとき、私は適当な慰めの言葉も思いうかばなかったので、思想なんて熱病みたいなもんで、などといいかげんなことを言ってしまった。

「有難う存じます、いろいろ御心配かけまして。」

　久子は、そう言って、夫や村山の居る三等船室の方へ降りて行った。

　私は、久子が、何事もなかったかのようにして、夫の傍の席へついたのを見届けてから、自分の船室へ戻ってきた。

哲学はパンを焼かない

「川島さん、川島さん。」

　明る日、船が神戸港を出てから、大分たった頃、船室のドアをノックするものがあった。

「どうぞ――。」

「ごめん下さい。私、武村昇といいますが、昨夜はどうも、家内が危いところを助けて頂きましたそうで。」

入って来た男はそう言って、きまり悪そうにしていた。二十五六にもなろうか、長身痩軀で、聡明そうな瞳をした人だった。

昨夜、身投げをしようとした女を見送って行って、ちょっと見たときは、冷たい感じのする人だと直感したのだったが、いま会ってみると、それほどでもなかった。

「昨晩はどうも、有難う存じました。」

昨夜の女も、男の後から、そう言った。

「どういたしまして、此処は狭いですから、食堂へ行きましょう。」

私は、二人を促がすようにして立った。

「神戸まで友達が一緒だったので、お礼にあがるのが遅くなりまして。」

武村は言って、白いクロースをかけたテーブルの向側へついた。久子もその傍へかけた。

「何にしましょうか。」

手を上げてボーイを呼びながら、私は二人にきいた。

「まだ夕食にも早いし、何か軽いものでも。」

「…………」

「お茶と、じゃあ、マカロニいかがです。」

「結構です。」

「じゃ、ボーイ君、お茶とマカロニ。」

テーブルの上の一輪挿(りんざし)のそばへ、メニュを戻しながら、私が注文を言うと、

「マカロニは、ビーフと、チキンとありますが。」

とボーイが訊き返した。

「鶏が軽くていいでしょう。」

ボーイにとも、武村達にともつかないように私が言うと、

「ハイ、それではお紅茶に、チキン・マカロニ……。」

料理場(キチン)の方へ行ったボーイは、

「スリイ・オーダ・ティー・アンド・チキン・マカロニ……。」

と奥の方へどなった。料理場では、何マカロニか良く聞きとれなかったらしく、

「マカロニは、モーモー（牛(うし)）か、コッケコッコー（鶏）か……。」

と、どら声が、ふざけながら訊き返した。

「コケッコッコー……。」

私達の前から、鹿爪(しかつめ)らしい顔をして注文を受けて行ったボーイが、「コー……」を

引きのばして言いながら、鳥が羽ばたきする時のように、両手を左右に上げたり下げたりした。その道化た姿が薄いカーテンを張っただけの衝立(ついたて)を透して私達の席からよく見えたので、

「うふッ!……。」

と三人は、ふき出してしまった。

その一笑で三人の心が、ぐっと接近したように感じられた。

「川島さん、貴女の思想熱病説には何か根底があるんですか?」

武村は、笑った口でそのまま、私にそんな質問をあびせた。

「うむ、あるような、ないような……。」

「と、いうと——」

「つまり、思想屑説(くずせつ)ですよ。」

「思想屑説と言うと、思想(アイディア)も屑(ウェイスト)に等しという訳ですか——。」

「まあ、そんなところです、——哲学はパンを焼かない——という……。」

私は、マカロニを口へ運ぶ手をやすめて言った。すると、武村は、やや真顔になって、

「——パンはナーシッサスの花ではない——んじゃないでしょうか⁉」

と、皮肉めいたことを言った。

「パンはナーシッサスでは勿論ないでしょう。しかし、あらかじめ用意された、つまり何々イズム——なんて用意された思想によって、生きている世のなかを、どうこうしようと言うのも、おそらく無意味のものですよ、用意された設計図通りに、どうやらできるのは、機械や建築物位のものです……。」

「じゃ、川島さんは、すべての思想行動を否定する訳ですか。」

「いや、思想行動は決して否定しませんよ、ただファシズムの国にも、コンミニズムの国にも、特権階級があるし、売笑婦も居れば乞食もいるという事が、歎かわしく感じられるんですよ。こんなこと考えると、どんな思想も、どんな国家も信頼できないような気がするし、——精神のあるところに社会がある、精神喪失の存在するところに国家がある——、と叫んだ学者の尻馬にでも乗ってみたくなってきます。だから、私はこのごろ、主義や主張よりも、その人柄に重きをおくようになってきました。」

「そうですか、支那の王道主義と、アナキズムの折衷説みたいなお考えですね……。」

　武村はそう言って、冷えてしまった紅茶のカップを口許へ運んだ。久子は所在なさそうにそれを聞きながら、舷窓の外に見える、うねうねとした波頭に眼を遊ばしていた。私は、この眼の前にいる二人を見て、不思議な夫婦だと思った。こんなにチグハグの気持でいる位なら、どうして結婚などしたのだろうとも考えてみた。そして、上海まで行くうちに、何んとかして、二人の気持をもっと歩みよらしてやりたい、とも思った。

「僕も、貴女（あなた）のような考え方になれるかも知れません、今後ともどうぞよろしく御薫陶願います。」

「御薫陶なんて、何んだかくすぐったいですよ、貴女のような、錚々たる論客が――からかってるんですか。」

「いや、そう言われては困りますよ。――実は、昨夜（ゆうべ）、これが自殺しようとしたところを、貴女に助けられたと聞かされて、僕は、種々と今日までのことを自己批判してみたのです。」

武村はそう言って妻の方を顧みるようにした。

「そうですか、それで――。」

「組織者（オルガナイザア）としての自分の生活と、個人としてのそれとの間に多くの矛盾があることに気づいた訳なのです。それに、いま貴女がおっしゃった、国家と社会の、また過去のことを批判してみても、ゼネラル・ストライキ、工場襲撃、武装蜂起、陣営内のセクト主義、どれもこれも、いまから考えると無茶ばかりで、観念的遊戯なんて言葉では言いつくせない冷汗ものだったのです。これはもっとも私達の仲間でも一応の批判はすんで誤謬だったと認めていることなのですが、――これから先の行動も、またこんな機会主義的誤謬を犯さないとも限らないと考えてくると、何をやるにも手も足も出ないような気がするのです。」

武村はそう言って考え込んでいた。

「そうですか、でもレーニンだったかが誤謬がなかったということは、何もしなかった、ということを意味する、とか言っているそうじゃありませんか、それに、公共生活と個人生活の間の矛盾は、公共生活を基調にして合理化して行かなければならないのは、社会人としての常識でもあるし――。」

今度は私が少々皮肉を言う番だった。

「いや、どうも、貴女もかなり辛辣ですね。」

「そうでもないでしょう。恋愛、結婚、喜怒哀楽、その他一切の個人的日常茶飯事は、貴方がたの運動の前には犠牲にしなければならないのが、所謂鉄の規律となっているんじゃないんですか⁉　ねえ久子さん。」

私は昨夜、夫の左翼運動に「死の諫止（かんし）」を試みようとした久子も、話の中へ引き入れて、何んとか二人の間の融合点を見出そうとして、武村には皮肉をあびせながら、久子に水をむけた。

「え――。」

久子は、夫と私を見くらべるような眼をして、かすかに頷いた。束髪の髱に無雑作に挿した赤い山茶花の造花が微かに揺れ、小柄で下ぶくれした顔も赤くなっていた。

「いや、とても貴女にはかなわんよ、痛いところを狙って、さぐられるんで。」

「狙うっていう訳でもないが、すぐ分るんですよ。奥さんの自殺未遂が自己批判の機会となって、第一線から退陣する、という考えになったと――。」

「いや、どうも――これも、まったく貴女のおかげですよ。」

「ほんとうに川島さんのおかげですわ――。」

武村は、千葉地方へ農民組合の組織状況調査に行ったときから、口ぐせになったという、いや、どうもを連発しながら話し続けた。

キャセイ・ホテル

久子が身投げしようとしたところを助けたのが機会となって、私と武村夫妻が上海へついた時はかなり親しくなっていた。

「川島さん、僕は上海へきても何もする気がなくなってしまったのですよ。内地の組織はやられるし、家内の死を覚悟した諫言や、満洲にある同胞が肉弾をもって戦っていることを思い合せて、非常に内省的になってきてしまったんですな――だから、此処へついても、何もすることがないし、東京の通信の方がやられてしまったので、生活費も出所がない訳なんです。」と弱音を吐いている武村に、

「生活のことは、どうにでもなりますよ、及ばずながら、私が適当な仕事を見つけることにしましょう。それから、中国共産党上海フラクションなり、コミンテルンの上海事務局（ビューロー）なりへ連絡をつけるのは貴方の勝手です。それで貴方の国のすべての民衆が幸福になれるのなら、それもよかろうし、コンミニズムだのなんのと改革に改革を行って、それがより合理的に塗炭の苦しみを味わう結果を生むと思えば、いさぎよくやめるもよし、その辺のことは、私も立入らないことにします。――私は中国人ですからね、あまり立入って、内政干渉にでも問われるといけませんから。もっとも、組織者（オルグ）と知って、生活の心配なんかすると、その前に、領事館警察から、一寸来い、と来るかな、うふふふ……。」

私はそんな軽口をたたきながら、夫婦をキャセイ・ホテルに案内した。

八階のダイニング・ルームで晩餐を済ませて、すぐ部屋続きになっているスモーキング・ルームのソファーに、私達は落着いた。

「じゃありませんよ、此処はもう上海ですからね。金璧輝（チンピーチン）――私は川島芳子という名をあまりこのまないのです、内地では通り名みたいになって居るから、しかたがないが……。」

「川島さん――。」

武村がキャセイ・ホテルでも、川島と言いたがるので、私は軽くたしなめながら、パッシング・ショウの一本を抜きとって火をつけた。甘い紫の煙が、体の疲労をふき消してくれるような良い味だった。

「あ、そう、ミス・金璧輝だった、いや、どうも。ところで、ルムペン同様で上海へついた僕達夫婦が、こんなぜいたくなホテルへ頑張っていても宜いんだろうか……。」

武村はそう言って、私の顔をのぞきこんだ。久子も何んとなく不安だ、というような顔をしていた。

「大丈夫さ、私の金がある間は一緒に使っているさ、いよいよ無くなったらブリュー・バードか、大東（だいとう）ホテルのホールででも買って貰う……。」

「え、ほんと、そんなことまでして――。」

武村は眼を瞠って言うのだった。

「冗談ですよ、まさか。」

「冗談にしても、僕は、こんな一流ホテルで貴女に迷惑かけている訳には行きません、早く虹口(ホンキュウ)か閘北(チャッペ)あたりの安い公寓(アパート)へでも移って仕事を見つけたいと思うんだが……。」

「仕事を見つけるためにも、此処の方が都合が宜いでしょう、まあ暫く私にまかせて置きなさいよ。」

そう言ったとき、

「おや金璧輝さんしばらく。」

と、ロシヤ語で話しかけてきた中年の紳士があった。

R・M・C倶楽部のセミヨオン・イワアノフだった。

彼はいつでも、私がよく分らないことを知っていて、帝制時代のロシヤ語で話しかけるから、

「これは御大セミヨオン(グドイブニンミスター)、露語はだめだよ、私は英語か、支那語。(アイドントクワイトアンダスタンドユー・テルミーイングリッシュオアチャイニズ)」

と、どなりつけてやった。すると、

「どうもすみません、不注意でしたお許しを。(アイム ベリー ソーリー・イットワズモーストソートレスオブミー)」

と彼は恐縮したように英語で出てきた。

（この様子では何かたのみがあるんだな、会費か、それとも奉天の情報か？）

と私は考えた。そして言った。

「セミヨオン大人、何か用がありそうですね？」

「まったく図星です、実は会で事務員が入用なんですが誰かないでしょうかね。」

「なんだ、そのことか。私はまた会費か、東北行政委員会（満洲建国準備の委員会）の情報かと思いましたのに――。」

私は、すぐ武村を世話してやろう、と心の中では思ったがわざと気のない返事をしてやった。

「会費も情報もほしいんですが、その前に事務員がほしいんですよ。今までの男は、昨日南京へ行ってしまってね。誰か適当な方が居りませんか、貴女の方に――。」

「いったいサラリーはいくら出すんだい、二千元もだすならボクが行くよ――。」

「貴女（あなた）なら二千元でも安いもんだが、僕には使いこなせませんよ、とても――。上海語が話せるという事が条件でサラリーは五十元、他に一国語出来るごとに、十元増というこことにします。誰かあったら世話して下さい……。」

セミヨオンはそう言って、私の傍に腰を下していた武村と、日本服を着た小柄な久子の方へ眼をやった。私は潮時だと思って、

「この方を推薦しましょう、武村先生です。」

「この方なら第一印象もよいし、立派な方でしょうから、大変結構です。でも御本人

の御都合は？」

　セミヨオンはフランス語と英語と支那語と、帝制時代のロシヤ語をゴッチャにしてそんな意味のことを言った。そして、武村の心の動きを読みとろう、とするような眼をして微笑んだ。彼は武村の語学力をテストする心算（つもり）なのだった。武村は、

（どう答えたら宜いのか？）

　と、眼で私に相談していた。

「武村先生は、ロシヤ語に、フランス語に、エスペラント語に、独逸語に、英語に、それから北京語に、広東語に、上海語ができるんです、語学の天才ですよ、えーと、それだけだったね、武村先生、――一（イー）、二（アル）、三（サン）、四（スー）、五（ウー）、六（リウ）、七（チー）、八（パー）と、八ヶ国語ペラペラという才人ですよ、セミヨオン先生。だから、先生の言う通りにして、サラリーは、上海語五十元の他に七ツだから百二十元ということになりますね。ああ、そうそう日本人だから、その他に日本語が出来るから百三十元――。」

　私が武村と、セミヨオンを見くらべながらそう言うと、武村は、煙にまかれたような顔をしていた。そして、セミヨオンは、

「母国語は誰でもできるから、これはサーヴィスですよ。それから北京語も広東語も上海語と同じ支那語だから一ヶ国語に計算して下さい。だから、上海語の他に五ヶ国

語ということになっています、サラリー百元ということにしましょう。いかがでしょうか――。」

と、言って乗気になってきた。私は武村や久子の顔色などには頓着なく、

「じゃ百元ということにしよう。明日からでも出勤させますよ。」

と言ってやった。

「それでは何分よろしく、お近づきのしるしに階下（した）のバアで一つやりましょう。」

セミヨオンは、私と武村夫妻を促がすように言うのだったが、

「明日でもまた会の方へ行きますから。」

と、私が言うと、

「では何れまた、明日の晩でも――。」

と、昇降機（リフト）の方へ去って行った。スモーキング・ルームは、晩餐を終った世界各国の人種によって満たされ、文字通り「国際都市・上海」の横顔（プロフィル）を描き出していた。武村はセミヨオンの姿が見えなくなると、

「大丈夫ですか、あんな出鱈目を言って。僕は日本語の他に、英語とエスペラント語が出来る位のものですよ。支那語なんか、此処へくる前に、「支那語一週間」というテキストに一回目を通しただけですよ――。」

と、不安な顔をして私に言った。

「大丈夫、果報は寝て待て、と内地の諺にもある。此処に居るうちに、勤め口が先方から舞込んで来たじゃありませんか。」

「あれは、運は錬って待て、ですよ。」

「寝て待てでも、錬って待てでも、ともかく、キャセイに網を張っていて、百元のサラリーが舞込んできたんだから大したもんさ。」

「これも貴女のおかげですよ、じゃあ明日から、心臓を強くして出かけるとしましょうかね。それにしても百元のサラリーじゃこんな立派な処に頑張っても居られないから、早速安い公寓でもさがさなければ――。」

「その点も御安心、此処へ来る前に、ちゃんと手配がしてありますよ。」

「いつの間に、そんなことを――。」

「先刻の運転手に言いつけて置きました、あれは私の部下ですよ、明朝は自動車で迎えに来る筈です。」

「いや、どうも、恐縮至極です。」

「どうも、いろいろ御心配かけてすみません。お蔭様でやっと安心することができました。御恩は一生忘れません。」

久子はそう言って喜んでいた。

不馴れな土地へ、僅か一ヶ月程の生活費しか持たないで移ってきた彼女は、ホテルへついても気を休めることも出来ない程、先々のことが心配になるのだった。殊に、夫の会社のメンバーたちが検挙網に引掛って、後々の生活資金を送って来る道が無くなってしまったことを、村山から知らされていたからでもあった。

ローマンス・クラブ

北四川路(きたしせんろ)のブリュー・バード、北部小学校を過ぎてダラッチ路を右へ曲った処に、三階建の小さなビルヂングがある。一階はバア、二階三階が貸事務所になっている。其処の二階全部（と云っても四部屋である）を借りているのがR・M・C倶楽部である。

R・M・Cは、ロシヤ、満洲、支那の頭文字を取ったもので、露満支倶楽部が正しい名称なのであるが、私は語呂が似通っているところから、Romance club(ローマンス・クラブ) と呼んでいた。

R・M・Cは実際また何かとローマンスのある倶楽部でもあった。

最初この倶楽部は白系露人で大のソヴィエットぎらいなセミヨオン・イワアノフと、

吉林省生れの満洲人で、満洲は満洲人の手で――を口ぐせにしている陳式義(チンシイイ)と、浙江省生れの許宗南(スウツウンナン)とが集ってつくったもので、お互の生国の名を集めて会の名としたのだった。

政治と宗教について、クラブに於ては語らないこと、会費は月額一元以上自由であることが条件になっていて、市長から苦力(クーリー)まで上海市民なら誰でも入会出来る、極めて自由な社交クラブというのがR・M・Cの御自慢なのである。したがって男女の会員も多かったし、ローマンスの種もつきなかった。

私は幹部の陳式義と知り会いなので特別維持会員という有難くない名目をおくられ毎月二十元ずつ負担させられることになっていた。もともとこの倶楽部は、「立導報」社に勤めていた、セミヨオン、陳、許の三人が相前後して退社し、一時生活に困るところから金集めの仕事として始めたのであった。その後、セミヨオンは白系ロシヤ人の間で信用ある江海銀行の私設情報係のようなものに納まり、陳と許も、それぞれフリー・ランサーとしてやって行けるようになったのだが、クラブはますます会員をまして、存続しているのだった。

明る日、武村夫妻は運転手の見つけてくれた興中公寓(アパート)の一室へ移って行った。乍(チャッ)浦路(ポロ)の日本人のクラブがある近くで、上海になれない久子も大変気強いと言ってよろこんでいた。

午後から、武村を案内して、R・M・C倶楽部へ行くことになっていたので、外出の用意をしていると間もなく、部屋の整理を大急ぎで済まして来た、と言って武村が姿を見せた。

「あのセミヨオンという奴は大のソヴィエット嫌いで、現在でも帝制時代のロシヤ語で通しているし、レポートなどもSOVIET（ソヴィエット）と書くところをIを落すか、Eを抜かすかして、満足に書かないようなことを意識的にやっている男なんだよ。だから新妻の自殺未遂や、四囲の事情から、やむなく自己清算させられたようなキミと、うまが合うかどうか少々心配なんだが——。」

私が多少誇張してセミヨオンの人柄について話すと、武村は、

「貴女も無茶な相撲を取らせるんですね、——哲学はパンを焼かない——を身をもって味合わすんですか。」

と、にが笑いしていた。

「それでも人柄はとても良い男だぜ、まずためしに行ってみるといいよ。仕事はかんたんなもんさ、クラブへ顔を出して馬鹿話でもしていればいいんです。三人の幹部さんは、クラブを事務所にして、レポートを書いたり、原稿を書いたりしているんだ

よ。」

「身の修養にはもって来いの仕事だから、観念して行きますよ。内地に居れば今頃は拘留ですからね……。」

「拘留より、クラブの方が楽だよ、じゃすぐ行ってみよう。」

キャセイ・ホテルを後にした自動車は間もなく、Ｒ・Ｍ・Ｃ倶楽部についた。

三つのサロンには、日本人、満洲人、支那人、ロシヤ人、蒙古人、ポルトギース、何処と何処の混血児だか分らないような顔が、ロシヤ語で話しているのに英語で答えたり、北京語と、四川の土語が応酬したり、甚だしいのは、知ってるだけの各国語の形容詞をならべたてて昨夜の Jai-Alai（ハイ・アライ）で儲けたときの喜びをふきまくったりしていた。集っている人間の顔が見えない盲目先生がきても、なるほど此処は国際都市上海だと、聞き知ることが出来る言葉のジャズ・バンドができていた。

事務所にあてられている奥の一室をノックすると、セミヨオンの声が応じた。

「どうも昨晩は失礼しました、よくいらっしゃって下さいました。」

セミヨオンはまた旧ロシヤ語で言うので、

「英語か、日本語か、上海語ッ！」

と私はまたどなってやらなければならなかった。いつも私がセミヨオンへの挨拶は、この、どなりつけるところから始まるのであった。

「やあ、昨晩はどうも、ミスター・タケムラ、こちらへどうぞ。」

セミヨオンは英語で武村に椅子をすすめた。

「これはこれは暫く、天津では大分活躍したようですね。内地へ廻ってきたんですか？」

陳式義も、原稿を書いていた筆を投げて、私の方へやってきた。

「そう、天津から東京へ廻って、お正月をあちらでやって、昨日上海へ着いたばかりさ――、許先生（スウシエンション）は？」

「今日はまだですが、元気でやって居りますよ。」

「そう、這是我的至好朋友（チャオシーウォティチイハオポンユウ）、他姓（タオシン）武村、（これは友人の武村氏です）昨日セミヨオン先生から話があって……。」

「久仰久仰（チウヤングチウヤング）。」

「上海は初めてですが何分よろしく。」

「こちらこそどうぞ。」

武村と陳との紹介も済んで、

「じゃ武村先生（シエンション）しっかりやって下さい、セミヨオン先生（シエンション）、陳先生（チンシエンション）、それでは何れまた。許先生にもよろしく――。」

と、私は外へ出た。

待たせてあった自動車で、宝山路から北停車場の方を廻り道して、キャセイ・ホテルに帰ってみたのだったが、街は何んとなく険悪な雰囲気に満たされているようだった。たった三ヶ月前の十一月に見た街とは比較にならないような不穏な空気が感じられた。その時、

（これはたしかに近いうちに何かある、「抗日救亡聯合陣綫」や、「十九路軍」の動きは普通ではない。早く今のうちに何んとかしないと、満洲や天津ばかりではなく、上海でもアジア人同志が、剣をとり血を流し合って鎬を削るような事になる――。）

と、いうような直感が、私の胸をついた。

上海事変

私や武村夫妻が上海について十日と経たない一月十八日の午後四時頃、江湾路にある、日蓮宗妙法寺の僧侶二名、信者三名の一行五名が引翔港路を通行中、支那人が経営する三友タオル工場（三友実業会社）の職工が組織していた抗日団体、義勇隊の襲撃を受けた事件が報じられた。

「日本人を倒せ！」

と叫びながら、三友タオル義勇隊員等が、手に手に棍棒を持ち、多勢をたのんで前後も考えずに打擲を加えたのである。

僧侶達の一行は、何れも全治までには二週間以上一ヶ月もかかる程の負傷だった。

越えて十九日夜半（二十日午前二時半頃）には、日本人の組織する、上海青年同志会の会員三十余名が、三友実業会社を逆襲し、社宅一棟を焼き、支那巡捕と格闘して、二名を斃し、二名に重傷を負わせた。このとき日本人側でも一名射殺され、二名の負傷者を出した。

一月二十一日には、村井総領事が、上海市長呉鉄城を往訪し、僧侶事件に関する抗議文を手交した。呉市長はこれに対して、南京政府と打合せの上回答するということだった。この間にあって、支那紙は、

「上海危し。」

「日本浪人上海にありて恣に横行す。」

「三友実業会社襲撃は、日本浪人の陰謀なり。」

等の誇大な捏造記事を掲載して、無智な民衆の敵愾心を煽りたて、上海西部では、

「日本人を見つけ次第殺せ。」

等の過激な伝単が撒かれたりした。

また、二十四日には、十八日の午後三友タオル義勇隊員に襲撃された五人の托鉢者の中の一名が死亡した。

（これは、いよいよおだやかでない。）

と考えた私は、キャセイ・ホテルの他に、浦東（プートン）にある杜月笙（とげつしょう）別邸附近の民衆の一室と、フランス租界芝蘭坊（ツンフォン）の支那人の家の二階とを、四ドルずつの約束で借りて置いた。いざという時に何れの一つへでも行けるように、支那人の名義で借りたのである。

予想して居た通り、共同租界で支那軍隊に不穏の行動があったので、二十八日の午後四時には租界内に戒厳令が布告され、二十九日には日本陸戦隊と支那軍との間に終日射撃戦が行われた。

英米両国領事の調停、村井総領事、第一遣外艦隊司令官塩澤少将と、呉市長、十九路軍長、蔡廷楷（さいていかい）との停戦会談等があったが、結局協定の成立を見ることなく、戦闘はますますはげしくなって行った。

ロ・マン・シ・ニュース

R・M・C倶楽部に於いて、政治と宗教に関する話はしないこと、という内規を設けているのは、国と宗教との障壁を超越して、およそ上海に住む程の人なら、誰れにでも集まって頂きたい、という意味と、集った人々が政治的な、又は宗教的な派別を作って仲間割れなどしないように、という用心からとであった。市長さんでも苦力(クーリー)でも、自由にやって来てうさばらしのお饒舌(しゃべり)でもして下さい、疲れたらお茶位はさしあげます。それで満足できないで、お金に不自由のない方は、階下のバアで思う存分お飲みなさい、という組織のクラブなのだが、市長さんもやって来ないかわり、苦力も来なかった。

三人のリーダー格がジャーナリストなので、集まる人は自然上海の文化面に縁のある人たちが多かった。また気のきいた闇の花は、まさか野鶏(ヤチ)とも言えず、ダンサー、看護婦などと言いながら月一元の会費を払ってきた。何を踊り、何を看護するのか分らないようなものだが、市長さんでも苦力でも——の建前上断る訳にも行かなかった。したがって、いろいろなローマンスもあり、私から、ローマンス・クラブなぞと言われる所以でもあった。

しかし、戦線が上海市街の北部一帯に拡大された頃には、このR・M・Cもローマンス・クラブのままでいることはできなくなった。

すべてのものをイエスかノーの二色(いろ)にそめ分けてしまうのが戦争である。

Ｒ・Ｍ・Ｃもポンポン弾丸(たま)が飛んで来る中にあって、政治と宗教を語るべからず、などと言ってはいられなかった。集まるものは、すべて政治を語り、戦争を論じていた。

二月に入って、日本の混成旅団、先遣師団等の増援隊が到着し、それぞれ攻撃準備の部署につき、十九路軍は、廟巷鎮(びょうこうちん)、江湾鎮(こうわんちん)、劉河鎮(りゅうかちん)方面へ後続部隊、学生義勇隊、工人等によって組織された国民救国軍を加えて配備している頃、私はＲ・Ｍ・Ｃ倶楽部を訪れた。

閘北(チャツペ)の方からなだれ込んで来た避難者が、階下のバアは勿論、二階の倶楽部の三つの部屋にも足も踏み入れられない程押しかけていた。もう一つの事務室には、セミヨオン、陳、武村の三人が頑張って、パンフレットのようなものを編輯していた。

「やあ、よく生きて帰って来たね。十九路軍を一人で食い止めるなんて、のこのこ敵陣へ出て行ったというから、棺桶でも用意して置こうかと思ったのに……。」

セミヨオンが原稿にアンダー・ラインを引いて、活字の号数指定をしていたペンを投げて私にいうと、

「やあ、ようこそ御尊来、金司令(チンスウリン)。」

と陳式義も椅子を立って私を迎えた。

「何んだい、こんなにものものしく窓へ鉄板なぞたてかけて。」

「昨日までは閘北の方から、ポンポン弾丸が飛んできたんだよ、増援隊が着いてから敵はいくらか後退したらしいんだがね。」

「ちっ！　こんなもの何の役にも立たないよ。飛行機で一発落されたらこんなちっぽけなビルヂングは木端微塵さ。蔣介石は杭州まできて、戦線視察をした結果、飛行機百台をすぐ上海上空へ送ると豪語していたぞ。」

「え？」

「それは真実（ほんとう）か？」

セミヨオンと陳が眼をまるくして驚いた。

「うそだよ、だけど蔣介石が杭州へ来ていることは事実だよ。私も学生義勇隊になって杭州まで行ったんだがね、学生達は即時対日宣戦布告をすべし、と迫っているんだが、蔣介石は、この場合日本と全面的な戦争をしたら中国は必ず滅亡に陥る、決して軽々しく戦争なぞするもんじゃない、と学生を集めてたしなめて居るんだ。先生の肚んなかはなかなか複雑なものがあるんさ、上海方面でじゃんじゃん騒がせれば、満洲国の成立妨害の役にはいくらかたつが、あんまりやりすぎると、一ぺんにたたきのめされるということを知っているんだね。」

労働大学の制帽を、テーブルの上へ脱ぎ捨てて私が言うと、

「蔣も、痛し痒しというところだね。」

と、言ったセミヨオンが、

「貴女そのなりで杭州まで行ったのですか?」

と、つけ加えて驚いていた。

「そうさ、私は労働大学の義勇隊なんだよ。ときに、許宗南(スウツウンナン)と武村先生(シエンション)は?」

二人の姿が見えないので、私が上海語で訊いた。

「許先生は南京からの電報で二週間も前からあちらへ行って居ります。今頃は捏造記事(デマ・ニュース)の原稿でも書かされているんだろうと思うが、それから武村先生は印刷所へ出張校正に行って居りますよ。」

陳が話してくれた。

「ほーう、許先生が南京へ行ったかね、やっぱり戦争になると去就が判然としてくるんだね。政治と宗教を語るべからず、などという倶楽部の幹事さんまでが、文化戦の第一線に応召して行くなんて。武村先生は何の校正に行ったの? まさか戦争さなかにローマンス・ニュースでもあるまいが。」

「ところが、ロ・マン・シ・ニュースさ、これが第一号、第二号が現在(いま)印刷中で、今

日は第三号の原稿整理というところなんですよ。」

陳はそう言って、一冊のパンフレットを見せてくれた。

「金璧輝さん、貴方がいつか心配して居たでしょう、武村さんは、余儀なく左翼思想を清算したばかりの人だから、私とうまが合うかどうかと――ところが、いよいよ戦争が始まると、欧米各国のジャーナリストに正しい東洋事情を知らせるのは我々の仕事だと、このプランを持ちだしたのが当の武村先生自身なんですよ。」

セミヨオンは上海語で言ってにこにこしていた。私が暫く倶楽部へ姿を見せなかった間に、R・M・Cは政治的色彩を帯びた文化団体に変っていた。そして「露満支情報」というパンフレットを出して、支那軍閥の自覚慫慂（しょうよう）と、欧米諸国の東洋認識是正の仕事を始めていたのである。

遠東（ファー・イスタン）への野望

もう、日没に間もない頃だった。

私と、セミヨオン、陳の三人が、粗末な丸テーブルを囲んで話している処へ武村が帰ってきた。

「いや、どうも、久濶でしたね。貴女（あなた）が一人で支那軍の義勇隊へ入って行った、という事を聞いて、僕はもう、貴女にお目にかかれないものと思っていました。元気で帰れてよかったですね。」

身丈の高い武村は、扉を入った処へ立ったまま、小さい私を見下すようにして言った。その面には、ほんとうに無事で戻れてよかった、と心から喜んでくれている真情があふれていた。

「私は支那人だから、十九路軍の戦線だって自由に通行出来るさ、それに善良民だから虹口や共同租界の日本軍の中だって歩けるよ。私の五体は支那人の血と日本人の魂とから出来ているのです、だから、今度の事変の見方だって、日本人の見方とも異うし、支那人の考え方とも違うのです、今度も両軍が何んとかして戦わないで済む方法が講じられないものかと思って、あちらの様子を見てきたのですが、どうにもなりません、十九路軍は蔣介石の意のままに動く軍隊ではないし、その間に、人民戦線派、広東派、その他の政治家や軍閥がどさくさにまぎれて、自己勢力の扶植をしようと機会を覗っているというしまつです。彼等は餓えた原始人か狼のように、己の政治的野望を満足させることばかり考えていて、民衆が、どんなに水火の苦しみに喘いでいるかということなど一度だって考えたことが無いのです。民衆のことなぞ、どうなっても宜い、只自分達の手で政治的権力を掌握すれば宜い、と考えているのです。第一線で拉夫（らっぷ）されてきた兵士達が、一瞬のうちに何百人斃（たお）れようとも、彼等は平気で居られる程無神経なのです、私はおなじ同胞（はらから）としてそれを見すごしては居られないのです。」

私は最初語るように、後には、誰かに訴えるように、武村や、セミヨオンたちを前にして話していた。瞼にこそ涙を出さなかったが、心の中では泣いていた。

「川島さん、僕は貴女の気持がよく分ります。僕は内地に居たころ、貴女が男装して戦線を走り廻っている話を聞いて、ものずきに——位に思っていました。しかし、此処へ来てみると、単なるものずきやなんかで、ポンポン弾丸の飛んで来る中を歩けるものじゃないということを知りました。僕は、このごろになって、貴女が口を開けば東洋の平和を叫び、日支の提携を語る気持がやっと解ったのです。また、永年軍閥戦に悩まされ続けてきた支那の民衆が、戦争をなくし、自分達の休戚を念頭に置いて国を治めてくれるなら、日本人だろうが、ロシヤ人だろうが、英国人だろうがかまわない、というような考え方になるのも無理がないことだ、ということも解りました。女である貴女が、こんなに働いているとき、僕が遊んでいるということはない、と思って始めたのが今度の露満支情報なのです。それで、前（さき）の満洲事変、今度の事変、これを経済的方面から見て、決して日本と支那との戦争じゃない、遠東に野望を抱く英国資本家を初め、東洋に関心を持つ野心家達との三角戦争だというような結論に達した訳なのです。そして、ここで一つ、欧米諸国の東洋認識是正をうながすような機関誌を出そうと考え、セミヨオンさんや陳さんにはかった処、幸い賛成して戴けたわけなんです――。ああそう、川島さんの顔を見たら、うれしくなっちゃって、腹が減ったのを忘れて喋(しゃべ)っていたよ。セミヨオンさん、陳さん、ビスケットを貰ってきましたよ、貴女もよかったらつまんで下さい……。」

武村が、毛のすりきれたオーヴァのポケットから、軍用ビスケットの袋を取り出した。

「いや、どうも有難う。」

私が、武村の口癖の、いや、どうも、をそのまま真似てビスケットを取ったので、日本語の洒落(ジョウク)まで解る陳が先ず吹き出し、続いて他のものも笑いだしてしまった。

その時、ピューンと妙な音をたてた弾丸(たま)が、パンと北側の窓に張った鉄板に当った。隣り合せた三つの部屋や階下で、がやがや騒ぎ出したので、陳が、

「便衣隊じゃないかな？」

と、鉄板とコンクリートの窓枠の隙から、外を見ようと立って行った、するとまた、パンと一弾きた。

「ひやッ！　――これはいかん。」

「流弾（りゅうだん）ですよ、昨日はとてもひどかったです。」

セミヨオンがそう言いながら、ビスケットを一つ口へ投げこんで、

「昨日は皆んな、ここへ入ったきりで、パンを貰いに行く勇士が居ないんだ。」

と、つけたして笑った。

「そんなこと話すと川島さんに笑われますよ。」

武村はまた、金璧輝を忘れて、川島と言い出した。私が元気で戻ってきたのがよほどうれしいらしく、言葉のはしなどに拘泥していられないというような顔をしていた。

「武村さん、貴方を、こんなところへ入れたりして、思想的に悩んでいるんじゃないかと思って、私は杭州へ行っていても、ずいぶん考えさせられましたよ。」

「それは僕も最初は悩みました。しかし、支那の軍閥のやり方などを見て、僕は考えたんですな。貴女がいつか言った、日本の小さな企業資本家など相手にして、喧嘩している人達に支那軍閥の秕政（ひせい）を見せてやりたい、日本の企業資本家も相当なもんだが、まだ可愛いところもある。ところが各国の出稼ぎ資本家と結託して、野望をみたしている支那の軍閥は、血も涙もない、其処には絶対専制主義があるばかりだ。それを永年見てきた私はゴドインじゃないけど一つの倫理的社会を主張したくなる、私の理想は支那に戦争をなくすることだ――。という、あれですよ。それで僕は、此処でやら

なければならない仕事は、軍閥専制の蒙を啓き、支那が、いまも敵としなければならないのは、阿片戦争のときの敵だ、と主張することだと思って働きだしたんです。これも貴女が久子を助けてくれたおかげですよ……。」

「おかげなんて言われる義理はありません、死のうとする人を助ける、ということは絶対命令ですからね、時に、もう流弾も来なくなったようですね、武村さんは公寓へ帰るのでしょう、一緒に出ません？」

「印刷所へ寄って行くんだが、じゃ途中まで一緒に参りましょう、印刷所はブリュー・バードの近くですから。」

「そう、じゃセミヨオンさんに陳さん、また何れ近いうちに。」

「さようなら。」

「じゃ、御健闘を。」

武村と私は、R・M・C倶楽部を後に北四川路へ出た。

戦闘は江湾鎮の方へ遠ざかったが、今度は、便衣隊騒ぎで、人々は戦々兢々としていた。

私はブリュー・バードの前で武村と分れ、途中で労働大学の服を脱ぎ捨ててキャセイ・ホテルへ急いだ。

武村の失踪

三月一日。

早朝から、江湾鎮、廟巷鎮方面で猛烈な戦闘が行われていたが、夕方になって、銃砲声は西北方、大行橋、孟家巷、揚家宅の方へ移って行った。

十九路軍が敗走しているのであった。

私は外へ出るのが大儀な程疲れていたので、部屋へとりよせて夕食をしていた。

其処へ案内もなく、支那服を着た小柄な女が入ってきた。

入ってきたというよりも、扉を開ける音もなく、影のように、忍び込んできた、と言った方が宜いかもしれない。

この、不意の闖入者は、私の姿を見るなり、かくし持っていた短刀で私の胸元を狙って突いてきた。

「あッ！」

私は叫ぶ間も身を躱す隙もなかった。が次の瞬間、ドッと絨毯の上に倒れたのは、私でなく、闖入者の方だった。

（どうしたのだろう？）

私は不思議に思った。私が手も出さないのに相手が倒れてしまったのである。見れば、それは久子なのである。

（これは何か誤解している——。）

と感じた私は、短刀を奪い取ってから、そっと抱き起して水をのませてやった。意識をとり戻した相手は、恐ろしい眼をして、私をにらみながら、

「悪魔ッ！　人でなし！　武村を何処へかくして置くのですッ！」

と、喘ぐようにいうのであった。

その時、私の黒緞子（くろどんす）の支那の上衣が、左乳房の上の処で五分程（ぶほど）切れて、血が僅かに滲（にじ）み出ていることに気がついた。ボーイを呼んだりすると、かえってうるさいと思ったので、扉（ドア）に錠を下ろし、上衣を除けてみると、傷は軽く上皮を削いでいるだけで、たいしたことはなかった。

上衣の内かくしに入れてあった、翡翠（ひすい）の環が久子の短刀を受け止めたので、傷は浅くて済んだのである。

その翡翠の環は前の年の十一月、宣統帝と鴻秋妃（こうしゅうひ）が天津を脱れて旅順へ渡られた折、騒然たる暗黒の街を、私の運転する自動車で、鴻秋妃をお連れだしすることができたので、そのときの冒険が成功した記念に贈られた品であった。

久子は、私を突くと同時に、人を殺すという衝動で自然に気が遠くなって倒れてしまったのだが、反対に斃される筈であった私は、翡翠の環に救われて無事だったのである。

「人でなし、武村を何処へかくしたのだ！ ……」

久子は、私が無事だったのを見て、また喚きながら、襲いかかる隙あらば、という気配だった。

「久子さん、何を誤解しているのです。」

「武村を、武村をどうしたのです。昨日、倶楽部から貴女がつれ出したきり公寓へも帰りませんッ！」

「たしかに、倶楽部から一緒に出ましたが、印刷所へ行くとかで、ブリュー・バードの前で別れたのですが——帰らない——？」

「帰りません——貴女が、武村を何処かへ、かくしているか、売ったかしたのです！」

久子は、昂奮して、喘ぐような語調だった。

「売った⁉——。」

私は、武村が昨夜帰宅しなかったし、倶楽部にも泊らなかった、と聞いて驚き——また、売った、と久子から誤解されているのにも愕然としてしまった。

久子は、私が武村を誘惑しているか、または、前の運動のことを何処かへ密告したとでも思っているのであった。

そして、思いつめたら何んでもかッとなって、前後も考えずにやる性分だった彼女は、訳も言わずに、私を一突きのもとに殺そう、と思ってやってきたのだった。

(そうだ、この前船で身投げをしようとしたのも、この昂奮性からだったのだ——。)

と思うと、私は久子の短慮な性格が気の毒になってきた。

「貴女は、前から私達に親切すぎると思いました、やっぱり、何かの下心があったからです……。」

久子は、そうも言うのだった。

私は、何気なくした親切が、手段か方法の親切のように思われるのは、これが初めてではなかったので、

(事実はいつか解るから弁解がましい事は言うまい、それよりも、いまは一刻も早く、武村を探しだす方法を講ずるべきだ。)

と考え、オキシフルと白布で簡単に傷の手当をしてから、自動車で印刷所へ急いでみた。

猜疑と昂奮から、まだ冷めきれない久子の顔が、バック・ミラーにうつっているの

を見ながら、ハンドルを握った私は、自動車（くるま）を北四川路の方へ飛ばした。

つづいてまた二人

ブリュー・バードの横を入った処の印刷所で、武村の様子を訊いてみると、

「武村さんは、昨日の午前十一時頃から午後三時頃まで此処（ここ）に居て、三時頃一度外へ出て、また四時半頃此処へ戻りました。そして、三十分程校正室で仕事をして居りましたが、間もなく、日本領事館警察の方が見えて一緒に行きました。」

と、いうのだった。

三時から四時頃までは、たしかにR・M・C倶楽部の事務所で話していた時間なのである。それから、私と一緒に倶楽部を出た武村は、再び印刷所へ寄ると、ブリュー・バードの前で別れたのだから、四時半頃戻った、ということにも間違いはなかった。

久子は、私が倶楽部を一緒に出たので、それを怪しんでいるのであったが、此処へ来てみて、その方の疑問は解けた。しかし、今度は、領事館へ武村の内地でして居たことを話したのだろう、という方の疑を深めてしまった。

私は領事館へそんな事をする義理あいもなし、また、すでに自己清算して居る人を

兎や角責めたてるのも法の目的ではないのだから、冷静に考えてみれば、疑いをさしはさむ余地のないことなのであるが、久子は、一途にそうとのみ思い込んでいるのであった。

「ともかく、今夜はもう遅いから、明日探すことにしましょう、貴女を公寓（アパート）まで送りますから。」

「送って戴かなくても宜いです。一人で帰りますから、それよりも武村を早くとり戻して下さい。」

「もう便衣隊狩りで、街々は大変ですよ、とても一人で歩いては行けません、それに武村さんは、私がきっと探してみせますから。」

閘北の日支の戦線のように、二人の心は対立したままだった。無理に久子を自動車に乗せた私は、自警団が物々しく警戒して居る街を、乍浦路（チャッポロ）の武村の公寓（アパート）へ急いだ。

それから、二日たち三日たっても、武村の消息は、何処からも聞かれなかった。

セミヨオンや陳も、手分けして探したのであるが、何の甲斐もなかった。

領事館に問い合せてみても、そんなことは全然心当りがない、というのだった。

（便衣隊か青幇（チンパン）の手でやられたのだろうか？　しかし、それにしては、領事館警察のものだと自称する日本人は、いったい誰なのだろうか？）

すべては謎のうちに、時間だけが遠慮もなくすぎさった。

しかし、謎はそれだけに止まらなかった。

武村が謎のように姿を消してから五日の後、セミヨオンと陳が、それぞれ自宅から、何者にか連れ去られたのである。

虬江路(キュウコンロ)のセミヨオンの家を訪れてみると、妻のアリイナと、三人の子供達が眼を泣き腫らして、

「昨夜の九時頃、見知らない日本人がきて、倶楽部のことで、お話があるのですが、一寸その辺まで御足労願えませんか、お暇はとらせませんから、というのです。妾はもう遅いから外出なさらないで、御用件でしたら家でお話になったら、と注意したのですが、セミヨオンは、なあに、日本人だから大丈夫だよ、と言って一緒に出て行きましたが、それなり何時まで待っても戻って来ないのです……。」

と、訴えるように言うのである。

アリイナがいう連れ出しに来た人の人相は、印刷所から武村を拘引して行った男と同一人相であった。

それから呉淞路(ウースンロ)にある陳式義の公寓(アパート)を覗いてみると、扉(ドア)が五寸程開いたままで、書物や雑誌などが取り乱れていて、格闘でもしたらしい乱れた靴跡が、床に落ちた新聞

の上についていた。

公寓の管理人に聞いてみても、

「別に誰も訪ねて来た人もないようですが、部屋が大分乱れて居るので、不思議に思って居たところです。」

と、いうだけである。

これで、露満支情報に直接関係を持つ、Ｒ・Ｍ・Ｃの幹部が、三人とも、何の手がかりも残さない程巧妙に、殺されたのか、それとも何処かに監禁されて居るのか、ともかく、私達の視野の及ばない処へ姿を消してしまったのである。

その頃から、やっと、久子の私に対する疑惑はうすらいできたようであったが、私は久子からなぞ何と思われようとも、そんなことはどうでも宜い、早く三人を、無事のままで探しだしたいと、それればかりを考えていた。

便衣隊問答

日支の両軍は上海北郊に相対峙したまま、戦線は暫く膠着状態が続いた。

市街は、ことに虹口は毎日便衣隊騒ぎが、何時やむともはかり知れなかった。

居留民によって組織された自警団は、樫の棒や、刀の鞘へ白い布を巻いたのを持って、眼をいからせ、物かげや、砲弾に打倒された家の中を探しまわっていた。一人でもあやしい奴が居ると、あちらからも、こちらからも、それッ、と集ってきて、旋風が枯葉をもてあそぶよりもあっけなく、何処かへ引っぱられて行くのである。また時には、パンパンピストルを打ちあったり、刀で渡りあったりして、日本人の家だろうが、支那人の店だろうが、あたりかまわず、一瞬にして、阿修羅があれ狂った後のようになってしまうこともあった。

この便衣隊員が、杜月笙の手から、千人以上も出ている、という噂だった。杜月笙は、青幇の首領として陰然たる勢力を有し、蔣介石の後援者として内外に知られた、所謂流氓資本家の総元締である。

青幇は会員六十万と言われている秘密社会である。所謂、秘密結社などという言葉がもつ概念ではおしはかれない、宗族的会党観念によって強く結合された一大勢力なのである。この、杜月笙の心ひとつでどうにでもなる団体から、かなりの数にのぼる便衣隊が、虹口を中心に日本軍が占拠した後の街へ送られているのである。

フランス租界の閑静な街の一角に、ものものしい、高い部厚い煉瓦塀をめぐらした大きな邸宅がある。鉄扉のついた大きな門の内には、武装した巡捕が、来訪の者たちに、一々警戒の眼を光らしている。さらに注意してみれば、邸の内外は、巧妙な警戒網の配備によって厳重にかためられている。

　これが杜月笙の邸宅なのである。此処の家には、いつでも、五百人以上の食客が、ごろごろしていると言われている。それは白髪三千尺流の支那式の誇張ではなく、事実それ位の人々が、この大邸宅のうちに、ごろごろしているのである。

　午後の二時頃、私はこの大邸宅の応接間にいた。

　かなり広い洋風の客間の、ぜいたくなソファーに、小さな体を投げだすようにかけると、待つ間もなく、部屋へ人の近づいてくる気配がした。ソファーから腰をあげて中央にある紫檀の大テーブルの前へ立つと、ドアが開いて、杜月笙の姿が見えた。

「さあ、どうぞ、お掛け下さい。」

　お互に一度も顔を合わせたことのない間柄だが、親しみのある口調で言った杜月笙は手近かの椅子に腰を下した。

「さあ、それへ。」

　彼はテーブルの向うから、手をさしのべるようにして、私に椅子をすすめた。これが鬼をもひしぐ青幇の首領として君臨する男か、と疑ってもみたくなる程親しみのもてる人柄である。フランス租界工務局の刑事、黄金栄の従弟から漸次頭角を現わして、中国の政界、財界に陰然たる勢力を持ち、その権力は何処まで伸びているか解らない、とまで言われている惑星的存在である。

「この戦争のさなかに、何の御用で見えられたのじゃ——。」

　私が椅子へかけると、彼はうながすように、そう言った。四十六とは見えない、二十代の青年のような眼が輝いていた。

「貴下は虹口の街を最近見たことがありますか？」

　私は、あたまからそう言ってやった。それが、開口一番の挨拶なのである。人をからかいに来たのか、とでも怒るかと思えば、彼は眉根ひとつ動かすでもなく、

「何ですな、それは……。」

　と言って、私の支那服の上衣に眼をすえた。この前、久子に突かれたとき、五分程胸のところが切れた黒緞子（くろどんす）の龍紋地（りゅうもんじ）の服である。この服を着ているときは、どういうものか、不思議に死地を逃れることが出来るのである。久子のときもそうであったし、その前にも二度程、この服で、生死の間を無事にすごすことができた因縁のあるものなのだった。

「便衣隊の問題です、貴下の手から、千人の便衣隊が出ている、という噂ですがその問題で伺ったのです。」

「それは噂の通りでしょう、或いは、それ以上にのぼるかも知れん。」

「貴下はどう言うお考えで、現在も、それを出しているのですか。」

「便衣隊員は中国の為に一身を捨てて戦う人ばかりじゃ、その行動もまた、それ以外の何ものでもない筈じゃ。」

「そのことは御説明までもなく、よく分っています。ただ現在、便衣隊の活動が、どんな結果をもたらしているか、それについて、貴下のお考えを聞きたいのです。」

「あんたは、結果がよくないと言われるのか。」

「そうです、それは虹口の現状を一目見ればすぐ分ることです。軍隊の進撃を阻害する為にならば、便衣隊だろうが、何んだろうが勝手なものを用いるが宜いのです、それは貴下の勝手です。しかし、いまは、軍隊を悩ますよりも、一般商民を悩ますことに役立っています。一人の便衣隊員のために、日本人はもとよりのことだが、中国の商民が、どれだけ惨害を蒙っているか、一寸でも街を視察すれば一目瞭然です。」

「あんたは誰にたのまれて、それを言いにきたのです。」

「わたしに、だれか、こんなことを頼む人があると思いますか。わたしは、わたし個人の意志できたのです。」

「うむ、あんたのお心のうちはよく分る、御忠告は、儂もよく承わっておくことにしましょう。」

杜月笙は、健気な女じゃ、というような心と、こしゃくな奴じゃ、というような気持とをごっちゃにした表情で、そう言うのであった。

「承わって置くだけでなく、すぐ便衣隊を引あげて下さい。それを約束して下さらなければ、わたしは帰らない覚悟できました。」

私は、ほんとうにその心算（つもり）で言った。

「うふふふ、承わる、ということは、あんたの希望通りにするということと同じじゃ、多分、今日中にあんたの希望通りになるでしょう……。」

杜月笙は笑いながらそう言った。

武村やセミヨオンは生きている

生きて還ろう、とはもとより思っていなかったので、自動車を返してしまった私は、杜月笙の邸を出ると、古い並木のある電車通りを静かに歩いていた。杜月笙は、やっぱり、六十万人の一方の旗がしらだけあって、肚のふとい男だ、等と考えながら——。

三月とは言い、まだ外はうすら寒かった。

「川島さん！」

そのとき、後からあざやかな日本語で呼びかけた人があった。スプリング・コートの襟を立て、黒眼鏡をかけた上に、形のくずれたソフト帽を目深かに冠っていた。

　それを見た瞬間、

（これは、武村達を連行した男だ。すくなくとも、それと関係をもっている。）

　と私は直感した。

「御用は？」

「人目につくといけないから歩きながら話しましょう。」

　男はそう言って、私とならぶようにして、石畳の人道を歩きはじめた。

　他(はた)から見れば、髪をかり上げた、男に近いフラッパーな姑娘(クーニャンタ)と、その恋人が、並木道を散歩しているようにも見えたかも知れないが、そのとき、傍にならんだ男は、私の脇腹へピストルの筒先を押しあてて歩いているのであった。右の掌(て)でピストルを構え、左手のスプリング・コートの袖でそれを覆うようにして腕を組んで歩いているのだった。通りすがりの人が見ても、この男は腕組などして何か考え込んでいるな、位にしか思えなかったかもしれない。

「ホホホッ、そんなもの持っていて、何かおまじないになりますか。」

「ともかく、一寸お聞き願いたいことがありますから一緒に御足労下さい。」

　男はピストルを納めようともしないで、今度は上海語で言った。そのアクセントからみると、土着の上海人でなければ出来ない程、板についた土語なのである。最初、日本人だと思った男は、上海人なのであった。

（そうだ、この男が日本人に化けて、武村やセミヨオンをつれ出した本人に違いない。）

四五分前の直感は、いまは確信にかわっていた。

「武村先生や、セミヨオン先生のことでしょう、お話というのは。」

私も上海語で言ってやった。

「そ、そうです。最初から、そう来て下されば話がしやすくて好都合です。」

（武村や、セミヨオンは生きている。）

その時、私はそう考えた。

「詳しいことは、歩きながら話す訳にもいきませんから、これへどうぞ。」

道路の傍に待たしてあった自動車の処までくると、男は扉(ドア)を開けて、私を先にのせた。

「しばらくのご辛抱をどうぞ。」

自動車の窓遮(ブラインド)を下した男は、更に私に目かくしをした。

「やってくれ。」

「是了(シラ)（かしこまりました）」

それから二十分程、運転手の操縦する自動車は何処をどう走ってきたのか分らないが、小さなガレージのような処へ入った感じがして、間もなくキー、キキッ、キーと、鎧扉（よろいど）が下りるような音がした。

秘密の地下室

目かくしを除けられた処は、十坪程のがらんとした地下室であった。

部屋の中央に薄暗い電燈がついていて、その下に、ニスのはげた丸テーブルと、曲木の椅子が三、四脚投げ出したように置かれていた。

先刻の黒眼鏡の男が、三人の配下らしい男たちをつれて現われた。どれもこれも、兇悪そのもののような顔をした人間ばかりで、そんな顔でも見られると都合が悪いことでもあるのかどうか知れないが、各々にマスクをしたり、ツケひげをしたりしていた。それを見ていると、恐怖よりも、むしろ憫笑がさきになるような人間どもであった。

「挨拶は抜きにして、早速取引に入りましょう。」

そう言って黒眼鏡の男がきり出した。

「宜いでしょう、要求を言って下さい。」

相手の腹が読めていたので、私も躊躇なく言ってやった。

「一人千元は安いもんだが、三人で三千元、そのかわり今晩の九時まで、ということではどうでしょう。」

「三千が五千でも人の命にはかえられないから安いもんだが、今晩の九時、といえばあと五六時間位しかないから、とてもできません、二千元なら手許にある金と、身辺の品を処分して出来ると思いますが。」

「二千元は安い。」

「安い高いを争っては居られません。二千元だけ今晩の九時ということにして、あとの一千元は一日百元宛の利子をつけるから、二日だけ待ってもらえないだろうか。しかし、三人の身柄は、二千元お渡しすると同時に釈放して頂きたい――。」

私は、それより他の方法は考えられない、という決意を示して言った。すると、

「そうですか、二千元というと、一人いくら宛になるかな。」

黒眼鏡の男は、そう言って、傍の男に聞いた。

「そうよな、三十人で、二千元というと、三、六、十八。三、六、十八で二十元残りだから、一人が六十六元ちょっとだね。青島か漢口あたりまで行って、働き口をみつけるまであるかなしだな――。」

傍のマスクをつけた男の言い方が、いかにも悄らしかったので、

（これは普通じゃない。）

と感じた私は、訊いてみた。

「青島とか、漢口とか言ってるが、貴方達は上海を立ちのくつもりなのですか？」

「そうです、実は――。」

と、黒眼鏡の男が語るところは、こうであった。その男は、王と言って河北の保定生れだった。

暗闇の大統領

王は親の顔を知らなかった。もの心ついたときは上海の裏街で大道芸人のドラを叩いていた。そのとき親方から聞かされたのは、保定の生れで、王というのだ、ということだけだった。王なになのかそれさえ分らなかった。それから間もなく日本へ渡った。南の端の港町へついて、青森までの街々を、剣をのんだり、蛇の首を鼻の穴から入れて口から出す手品をやりながら歩いて、ふたたびもとの上海へ戻ったときには、五年の星霜が経って、王は十三になっていた。

その年の夏、親方は王と同じような四人の少年達を残して、コレラで死んでしまっ

た。

それから十年経った。王は暗闇の大統領になるつもりで子分達を集め、腕づく、力づくで出来る仕事なら何んでもやった。恐喝や誘拐から、軍器や阿片の密売買、ストライキのきり崩し、なぐり込み、何んでもござれの十年間だった。

そして、今度の上海事変になった。

少年の頃の何年かを日本で暮した王は、日本人の居る街が好きで、事変前までは虹口側（サイド）に住んでいたが、騒ぎが始まるとフランス租界の仲間の処へ逃げてきた。そのとき、二年前に一緒になった、妓女（ジーニュー）あがりの宋蓮花（スンレンホウ）が身重だったが、仲間の家へ着くと間もなく苦しみだし、薬よ医者よと手をつくした甲斐もなく死んでしまった。逃げるときに腹部に異状をきたしたのであった。

蓮花が身重になったことを知ったときから、王の腕はにぶっていた。

（やっぱり、人間は真面目に生きなければいけない、やくざな稼業をしていると、女房や、何も知らずに生れてくる子供にまで、とんでもないみじめをみせることになる。）

王はやがて、父親になることを考えて、そうも思った。

蓮花と生れる筈だった子供とが不意に亡くなってから、王はもうすっかり心が変ってしまっていた。

（俺が、多くの人達に難儀をかけたので、そのむくいが、妻と子にきたのだ。）

そう考えた王は悪の社会から足を洗う決心をした。そして何んとか更生の道はないだろうか、と考えてはみたが、これと言って俄かに思わしい案もうかばなかった。それに王は一人だけではなかった。彼を首領とする三十人の子分と、その家族たちがあった。

子分達のことに思い到ったとき、王の頭にうかんできたことは、十三のときの夏、親方に死なれて路頭に迷ったことだった。

（そうだ、あのとき親方さえ死ななかったら、俺も、こんなやくざな男にならなかったかもしれない。假令、しがない大道芸人はしていても、徒党を組んで悪事を働くギャングの群などに入っては居なかった筈だ。そうだ、俺には、子分やその家族たちの生活のことまで責任があるのだ。俺一人が悪の足を洗えばそれで宜いというものではない、此処で俺が突きはなしたら、子分達は、いまやっていることよりも一層ひどいことをして生きるかもしれない――。）

王が、そう考え悩んでいるところへ、同じギャング仲間の一方の頭目で、劉という男から、『露満支情報』の編輯者を一人連れて来れば千元、三人全部連れ出せば、三千元の酒手を出す、という話を持ちかけられたのであった。

（三千元あれば、子分達にも百元とまとまった金が分けてやれる、それに、直接自分が手を下して、どうこうする訳じゃない、連れ出せば宜いだけなんだ、劉が肉票（人質）にしようと他へ売ろうと、それは先のことで自分に直接関係がないんだから、ひとつ、この仕事を最後に、子分達も立ち行くような方法を講じて、悪の社会から足を抜こう。）

王はそう思って、先ず、武村を印刷所から連れ出して、この地下室へ監禁したのである。

子供の頃に習いおぼえただけあって、日本語は上手だし、変装の巧妙な王は、日本領事館警察のものだ、と偽称して武村を連行したのである。武村はまた、内地からの手配でもあって、一応取調べられるのかも知れないが、すでに自己清算して再出発している現在だから、たいしたこともあるまい位に思ってついて行くと、窓遮(ブラインド)を下ろした自動車にのせられてしまったのであった。

武村の連れ出しに成功すると、王はさらにセミヨオンに手をのばした。

セミヨオンは妻が、もう遅いから、用件なら家で話したらというのを、日本人だから大丈夫だ、と日本人を装おった王を信用して外へ出て、武村と同じように監禁されたのである。

また、陳式義は、日本領事館の者ですが武村のことについてお話がありますから、と王がやってきたときに、最初は、やはり武村は領事館に行っていたんだな、自分は彼が上海へきてからの行動でも訊かれるのかもしれないと思って、一緒に出て行こうとしたのだったが、二言三言話しているうちに、王のかなりうまい日本語から、同国人の敏感さで中国人の語癖を発見し、君は日本人だと偽称しているが中国人だろうと同行を拒み、格闘して争ったが、遂に王一味のものに組み伏せられてしまったのである。

これで、いよいよ目的の三人を、完全に一室へ監禁してしまった王は、劉にそれを報告して金銭の授受ということになると、悪党仲間でも、特に腹黒い劉は、三百五十元だして、これが約束の三百元、それから、これは酒手のつもりだから受取ってくれ、というのだった。三千元どころか位違いの三百元で三人の人間の生殺与奪の権を買い取ろう、という肚なのである。

劉は英国に本社をもつ、或る武器製造会社の上海支店から、露満支情報の発行妨害、編輯者の監禁を依頼されたのであったが、事変中で警戒の厳重な虹口側ではとても近寄れないと知って、日本語がうまくて、しかも虹口の事情や露満支倶楽部のことに詳しい王に、三千元でその下請をたのんだのだった。ところが、いよいよとなると、三千元じゃない三百元だ、というのであった。事変さなかで仕事もやりやすかったろうし、第一人間を監禁して置けば残飯ぐらいはやらなければならないのだが、金なら利子を生むぜ、と恬然として劉は言うのだった。普通なら、劉の背信行為をその儘捨てて置く王ではなかった、たちまち血の雨をふらす大喧嘩になるところだったが、蓮花の死から、深く心を改めて居るので、腕づくのかけあいもしたくなし、それかと言って、三千元の約束が三百元に変っていては、子分達に悪の足を洗わせる資金どころか、己自身の当座のしのぎにも足らなかった。

露満支情報は、三号にわたって、支那の敵は十七世紀の頃から英国であったのだ、そして、それは現在でも変りない、という論旨で、東印度支那会社が設けられた頃から現在にいたるまでの、英国資本の支那侵蝕史を掲載した。そのうちで、或る武器会社の悪辣な兵器売込手段を暴露した。そこで、今後もそれを続けられると困るというので、その会社の上海支店が劉にたのんで、武村達の監禁を企てたのである。劉はそれを五千元で引受け、三千元と言う約束で王に頼んだのだが、いざ三人を引渡すというときに、三百元と五十元の酒手だというのである。

薄暗い地下室で、王が悲しい身上話と悪の懺悔を此処まで語ったときには、両の頬に涙のあとさえ見えた。

私も悲しい気持でそれを聞いていた。王はさらに話を続けた。

「……三百五十元ではどうにもならないし、三人の引渡し期限は今晩の九時に迫っているなのです。そのとき、思い出したのは、陳先生(チンシェンション)の部屋にあった貴女の名刺や原稿のことなのです。それで、露満支情報は金璧輝(チンピーチン)女士にも関係があるんだな、と解ったので、劉のような裏切者に、三百五十元位の端金(はしたがね)で三人を渡す位なら、貴女に一つ相談してみようと考えて、貴女の居所を探していたのです。其処へ杜月笙の邸へ貴女が入って行くのを見た、と配下からの知らせがあって、御足労願った訳なのです。そんな訳で、我々三十人は、これを最後に悪の足を洗って上海を後にし、何処か顔見知りの悪仲間が居ない処へ行って真面目に働くつもりになったのです。」

　王がそう言うと、他の配下達も、

「その通りなんです、王親分が仏心を出してからというもの、他のものも皆、悪い事はいけない、というように考えてきました。」

「いままでは苦銭身(くせんみ)につかず、なんて、アブク銭(ぜに)ばかり狙って居たが、悪銭もやっぱり身につかねえことが分りましたよ。」

　真心から悔悟したらしく、口々に言うのである。私は其処まで聞いて、自分の考えをのべた。

「皆さんが真面目に更生されたら、蓮花さんの霊もきっと慰められるでしょう。私もかげながら皆さんが立派な人として更生されるのを祈って居ります。――それから、皆さんが更生資金にするというお金のことですが、これは、今夜の九時までに必ず、何んとか都合をしましょう、そのかわり三人のものを、いますぐ釈放して貰えないだろうか……。」

「宜いです、貴女を信用しましょう。」

王は即座に答えて、私の申出を容れた。

「じゃ、川島さんに、お客さんを渡せ。」

いままで上海語で話していた王は、今度は日本語でそう言って、一つの鍵を配下に渡した。まったく日本人そっくりの日本語なのである。鍵を受取った子分の一人が、部屋の隅についている扉を開くと、其処がもう一つの部屋に続く通路になっていた。その奥の部屋に武村、セミヨオン、陳の三人が押しこめられていたのであった。

彼等の行く手に、常に正義と幸福がありますように

蘇生の思いの三人と私は、再び目かくしをされて、狭い十二三段の階段を上った。其処が自動車置場になっているらしく、扉の開く音がして、自動車へ乗せられた。キキーッと、先刻、私が入る時と同じような鎧扉の音がして、間もなく自動車は走りだした。目かくしはされていても、窓遮(ブラインド)が下りていて車室が暗くなっていることは感じで分った。

それから十五分か二十分程走ったと思われる頃、自動車は急停車した。

「大へん失礼いたしました。では私達は九時きっかりに、約束のところに待って居りますから……。」

目かくしを除け、窓遮を上げられたところは南京路(ナンキンロ)の一角だった。

時計を見ると、午後六時になっていた。

二時に杜月笙の邸にいて、それから、一時間と経たないうちに外へ出たのだから、三時からとしても六時までの三時間、何処に居たのか分らないのである。ただ感じから言って、城内かフランス租界の一角で、表面はガレージになっていて、その地下が彼等の秘密室らしいのである。

武村は二週間、セミヨオンと陳は四日目で、太陽の下で手を振って歩けるようになったのである。

それから、二時間半経って、午後八時三十分、武村、セミヨオン、陳の三人が、各自出来るだけの金を集めて、キャセイ・ホテルへやってきた。私の二千元を合せて、全部で三千六百元の現金ができた。

「さあ、早く行こう、彼等は楊樹浦（ヤンジッポ）の碼頭（まとう）に待っていることになっているんだ。」

私は三人をせきたてて、自動車のハンドルを握った。花園橋（ガーデンブリジ）を渡って右へ曲ると、赤煉瓦造りの建物がいくつもならんでいる。もとのロシヤ領事館の前をすぎるとすぐ郵船碼頭である。自動車を其処へ乗り捨てて、モーターボートで楊樹浦まで着いたときは九時ちょっと前だった。碼頭から少しはなれた人目につかない水の上に小さな戎克（ジャンク）がうかんでいた。目標の白い旗が舷側に出ているのが、薄暗の中にすぐ分った。

戎克の中には、王以下の子分と、その家族たちが各自にバスケットや身辺のものを入れた包を持っていた。

三千元を渡した他に、余分に集まった六百元を渡して、

「これは酒手ですよ、家族の多い人にでも分けてやって下さい。」

そう言うと、王はあふれ落ちる涙をこぶしで押し拭いながら、

「御恩は終世忘れません、皆のものも大へんよろこんで居ります。」と、言っていた。

「さようなら。」

「阿須会（アシュウエイ）。」

「すみませんでした。」

「儞也該歇着罷（ニンエカイシエチョペ）。」女や、子供たちまでが舷側に出て、くちぐちに挨拶をした。

「彼等の行く手に、常に正義と幸福がありますように！」

暗い水の上に遠ざかり行く戎克に向って、独言のように、また祈るがように、セミヨオンが例の古いロシヤ語で言ったときには、涙をそそる離愁のようなものが、私たち四人の心をもみたしていた。

久子の私に対する疑惑は拭ったように霽れ、セミヨオンの一家は、妻のアリイナをはじめ三人の子供たちの頭上に、再び太陽が輝き出したような喜びかたであった。

それから間もなく閘北も停戦状態に入り、街の便衣隊騒ぎも、だんだん鎮まってきた——。

血は水よりも濃し——蘇炳文(そへいぶん)叛乱前後記

蘇炳文の叛乱

昭和七年——。満洲国建国後、蘇炳文は呼倫貝爾(ころんばいる)市政籌備処長に任ぜられて居たのであったが、その年の冬、黒龍江省内の人事問題に不平をいだき、遂に、呼倫貝爾独立を宣言して叛乱を起すにいたった。

そして、海拉爾(ハイラル)、満洲里(マンチュリー)の満洲国官吏及び日本人を監禁してしまった。

満洲国軍政部では、これに対して和戦両様の策戦をたてた。

蘇炳文叛乱によって、咽喉(のど)もとを扼(やく)されたような形にある、ブヘト、イレクテ、ハイラル、満洲里の各地は、早くも九月下旬から雪に埋もれてしまっていた。その各地には満洲国官吏及び日本人三百余人が、文字通り一刻千秋の思いで救いの手を待っているのだった。

軍政部では、これらの人々を救出するために、マツエフスカヤ交渉、ハイラル交渉、韓雲階交渉、金憲立交渉等々、いくどかの和平的交渉による救出をこころみたのであったが、その何れの一つも、所期の成果を見ることなく、時日は徒らに過ぎて行くばかりであった。

この間にあって、最も不幸な結果に終った一つの救出計画がある。それは新満洲国人としての、白系ロシヤ人二人によって計画されたものである。

その空前の奇策は、二十三歳と、二十一歳とになる白系ロシヤの二青年と、当時ハルピンにいた原大尉、満鉄ハルピン事務所の中村氏、他に飛行将校二名の一行六名によって、実行の運びに移された。

十月十四日の早朝、六人の人々を乗せた、一台の旅客用飛行機が、ハルピンを後に、眼界一面雪に覆われた蒙古曠野の上空をハイラルに向った。

フラルジの上空あたりで東支鉄道線と十字(クロス)を描くように、南方へコースをとった飛行機は、ぐッと機首を上空に向け、エンヂンの爆音と、機影をかくすために高空飛行に入った。下界はもうすでに、蘇炳文軍の牙営なのである。

二人のロシヤ青年

蘇炳文軍に気づかれることなく、遂にハイラルの上空に出た一行の飛行機は、更にコースを南へとった。

ハイラルの南方の人目につかない地上へ、二人のロシヤ青年をパラシュートでおろし、その二青年の密計によって、その地に、救出を待ち侘びている人々の安全をはかる予定であったが、一行がジャライノールの上空にさしかかったとき、油量計（オイル・メーター）を見ると、目的地まで着かないのに、帰途のガソリンが心細いのだった。折柄の逆風を正面に受けて飛んだので、予算よりもはるかに多量のガソリンを費消していたのである。

「残念だが、もう帰途のガソリンが気遣われる、満洲里（マンチュリー）までなら行けるが如何。」

操縦席から筆談の紙片が原大尉に渡された。

（残念だ！　この妙案を中途で挫折させてはならない――。）

大尉はそう考えて、メモの紙片に鉛筆を走らせた。

「もうガソリンが尽きた、脚下は幸い草原だし、満洲里へは近い、此処で決行するか。」

大尉の示す紙片を見た二青年は、

（やります。）

（下が草原なら却って下降には好都合だ、此処で実行に移ろう。）

二人の燃えるような熱情のこもった眼と顔が答えた。

（そうか。）

頷いた大尉は、

「たのむ、成功を祈るぞ！」

「大丈夫です。」

「——！」

二人の青年と、かたい握手をかわした。

先ず兄分の青年が先に降りることになった。

用意のパラシュートを背に、サッと中空へ身を跳らした年長の青年は、逆風に開いたパラシュートを見事に操って、間もなく地上の人となった。

続いて、後の一人が、宙に飛んだ。が、不幸にもパラシュートが機体にからんで、機胴の外に身体が吊るされたように止ってしまった。

（あッ！）

（だめだ。）

何んとかして、引きはずそうとして、焦り踠いている青年を、機上の人々は、全身の力をしぼり、手をのばして、機体にからんだ傘をはずし、やっと青年を機上に引きあげた。

傘は滅茶滅茶に破れてしまっていた。

「大丈夫です、死んでもかまいません、おろして下さい。」

尚も飛び下りようとする青年を機上の人々はやっと抑えた。抑えられながらも青年は上身を機胴から乗り出し、

「おろしてくれ、同志を一人やる訳には行かない、死んでも宜いからおろしてくれ！同志ッ！　同志ッ！　すぐ行くぞッ！」

下をむいて叫んだ。

地上の青年は、この様子をただ呆然と見上げているだけだった。あまりに意外な処に、奇計を阻止する障害があったので、ただ前後を考える遑もなく、放心したようになってしまったのである。

やがて、機上から通信筒が投げられた。

「パラシュート故障により、残念ながら下降不可能、貴下一人にて最善最大の奮闘を乞う。」

刻一刻、ガソリンの量は減って行く。

機上の人々は血涙をしぼる思いで、一人の青年を蒙古の草原に残さなければならなかった。

千万無量の思いに後髪を引かれる心持で、青年の立っている上空を旋回した機上の

人々は、やむなく帰途についた。

惰翔で飛ぶようにして、最後の一滴のガソリンまで費い果たし、漸くの思いでハルピンへ帰還したが、一行の顔は一様に蒼白となって生きた人のそれとも思えない程だった。殊に、かたく生死を誓った同志を只一人、縹渺千里の蒙古草原に残して、やむなく帰ったもう一人のロシヤ青年の悲痛な面持は、慰めようにも、術もない程であった。

地上に残された青年の消息は、どうなったのか、その後も遂に分らなかった。

血は水よりも濃し

二名の白系ロシヤ青年によって企てられた、和平交渉というよりは、むしろ日本人救出と、同地方面で遭難したものと思われる板倉機の真相把握という任務をおびた密計は、悲劇的最後をつげた。そののち、私の兄の金憲立（チチハル市長）と、蘇炳文との間に書簡による交渉ができて、私も兄と共にハイラル行きを企てたのであったが、これも、蘇炳文の部下の心ない抵抗によって、遂に日・満軍の前線と、蘇軍との衝突となって頓挫を告げるし、これで和平的手段による、すべての方法は講じつくされてしまったのである。

軍政部では、いよいよ実力による攻略に出ずるより他に道なし、と蘇炳文軍討伐を決意したのであった。

蘇炳文がかつて不遇をかこちながら過ごして居た時代に、私は聊か彼の力になってやったこともあるし、奉天省新民県の出である彼は、満洲人として、謂わば私たちと、同じ血を頒けた男なのである。一度や二度は、同じ卓をかこんで食事も共にしたこともあったこの男が、いまは叛軍の将となって、討伐の軍を進められるのかと思うと、情に於て忍びがたいものがあった。

(蘇炳文は、いま叛将となって居ようとも、謂わば同胞である。これを討つ前に、もう一度、何んとか、翻意を促がす方法はないだろうか。)

私がそう考えたときに、前にロシヤ青年達によって企てられたパラシュートで、蘇炳文軍の牙営に降りる方法に思いいたったのである。

(そうだ、パラシュートで降りて、蘇炳文に会い、是非とも彼に翻意させよう。そのために、どんな危難が身にふりかかろうとも、それは自分の本望とするところだ。ロシヤの二青年さえ、三百の日本人救出のために、また、満洲国への忠誠のために、生死を共に誓いあって、あれだけの立派な行動をとったのである、まして自分は、日本人の恩をうけている、日本と満洲国のためにつくす機会は、このときをおいては外にない。)

そう思った私は、小磯参謀長と、軍政部顧問多田少将のもとを訪ねて、「私を蘇炳文のところへやって下さい。前のロシヤ青年のように、パラシュートで降りて、必ず彼に翻意させて見せます——」

かたい決意を示し、是非と頼んだのであったが、（女にそんなことをさせなくとも。）と、いうような考えも或いはあったのかどうか、最初はなかなか許してくれそうもなかったのである。

「私は自分の一身のことや、四囲の風評のことなどはどうでもよいのです。ただ一念、蘇炳文の翻意を促がし、満洲国の黎明に、波紋を起さしたくないだけなのです、資格もなにもいりません、飛行機を一台貸して頂けば、それでよいのです……。」

私は、頑として動かない決意を示し、とうとう、

「それでは……。」

という許しを頂いたのである。

チチハルの上空

遂に許しを得た私は、一日、チチハルの上空でパラシュートの練習をすることになった。

折柄の寒さに、私は前からいくらか悪かった神経痛に悩まされていたが、斃れるまでやろう、と決意して、機上の人となった。軍服まがいのカーキ色の服に身を包んだ私は、パラシュートを背に、何度かの下降練習に成功したのであった。

（よし、これで蘇炳文に会う方法は解決した。この上は、彼に和平を説いて飜意を促がすだけだ、もしも彼が、私の説を容れないようだったら、東洋の平和と、彼の将来のこと以外に何も考えていない、聊かの私心もないこの腹をひきさいて見せてやろう――。）

悲壮な決意に、私の身心はひきしまる程であった。

がしかし、私のこの悲壮な行動を阻害する伏兵があった。その明る日、私は神経痛の亢進に、身体の自由を奪われてしまった――。前日の寒風を排しての行動が悪かったのである。その上に、また悪いことは、蘇炳文軍の露骨な反抗行動は、冒険な方法によって和平を説く余地のない事態にまで進んでいる、という悲報がもたらされたのであった。

私は血涙を呑んで、せっかくの計画を思い止まらなければならなかった。

駱駝の中隊

和平交渉の望みを一切失った軍政部では、一途攻略の軍を進めるよりほかなかった。

十一月下旬、松木部隊の主力が北路を東支鉄道に添い、雪の興安嶺（こうあんれい）を衝いて進撃を開始した。一方南路を取って、蘇軍の熱河（ねっか）遁入を阻止する使命をおびた満洲国軍、蒙古兵団の一隊は、一眸千里遮るものもない大平原を、人知れぬ苦労を重ねて進攻した。

この南進部隊は、雪の蒙古平原に出ると、宿営にあてる泥の家さえないのであった。行けども行けども雪ばかりの大平原を横切るにこの部隊は、あの牧歌的な蒙古包（パオ）を携行し、洮兒河（ソムールホウ）の巨流を道しるべとして進んだ。

白い世界を、人と駱駝と蒙古包がしずしずと進んで行くのである。大きい赤い落陽が、銃を背にした人の影を、駱駝の脚を、ながくながく白銀の曠野に描き出す頃には、包が下され、宿営の準備に入るのである。

蒙古包の行進と言えば牧歌的であり、駱駝の中隊と言えばロマンチックで、詩的でもあろうが、その進軍の労苦は、たやすく筆舌にゆだねつくせないものがあったろう。

雪の興安嶺（こうあんれい）

チチハルから約百支里の地点、稚爾河（ヤールホウ）の河合を縫って、白樺の疎林をつまさき登りに進めば、東洋史に不滅の一頁を飾る成吉思汗（ヂンギスカン）の名を、そのまま地名に残す小駅があり、それから更に稚魚屯（ジャラントン）の方へ進む中途に、万里の長城をそのまま小規模に築いたような土塞がある。老辺と土人の呼ぶところで、七百年前、蒙古王の覇略を防ぐために、宋の時代に築かれた長塞である。

蘇炳文は、日露役当時ロシヤが築いた興安嶺頂の砲塁や兵舎、それから、この長塞をたよりに頑強な反抗を試みたのであったが、北進部隊の攻略に一たまりもなくハイラルへ走ったのであった。

稚魚屯から更に進んで巴林木（パリム）、博克図（ペクト）を一気にすぎ、高原の街興安を突けば、其処からはもう下り坂で、ハイラルは目睫（もくしょう）の間にせまっている。

雪の興安嶺を越えた北進部隊にハイラルを突かれた蘇炳文は、国境を越えて露領へ逃げるか、熱河の方へ進むか、途は二つより他にないのであるが、予め熱河遁入を阻止する南進部隊が配備されていたので、彼はやむなく露領にのがれたのであった。

その後彼は独逸を経て、昭和九年上海に帰り蘇州に隠棲していた筈である——。

国定軍血盟式の記

熱河の風雲

北満の叛将蘇炳文が露領遁入を伝えられた後、国際連盟調査団の一行は、チラッと熱河をにらんで通る。

其処には、かつて張作霖の下にあって、緑林に驍名を馳せた湯玉麟が、満洲国に服するが如く、また、曽て馬上に天下を狙った時代の夢が忘れられないが如く、というような、曖昧な態度でいた。

彼は満洲国が成立すると、参議府副議長に任ぜられたのであったが、それに就任しようかどうしようかと考えながら、張学良の方へも窃かに阿附するような秋波をつかっていた。

その曖昧な態度にカッとなった張学良が、手兵をさしむける気配を示すと、彼はすっかり怖気づいて、熊市齢や趙古齊にたのんで調停の労を煩わし、参議府副議長の椅子を蹴って、張学良に忠誠を誓った。

そうなると今度は満洲国側を裏切った結果になるので、彼は満洲国と日本軍が恐ろしくてしかたがなかった。

其処で、湯玉麟は毎日二百人余の人夫を使って、熱河宮殿内に三つの大地下室を設けさせ、空襲に備える用意をした。そして、正規軍として、歩兵四個旅、騎兵三個旅、他に、独立騎兵、砲兵、輜重兵等(しちょうへいとう)を合せて二万人の兵にそこをまもらせた。しかしその半数位は阿片がないと働けない兵隊なのであった。欧洲大戦中、Food will win the war. の標語(スローガン)を郵便消印に入れて宣伝したのはアメリカのフーバーだったが、熱河の兵隊は FOOD を OPIUM(オウピアム)（阿片）に書き替えて、「阿片が戦に勝たせる」として貰いたいようなのが半数以上と言われているのである。だから阿片がきいている間は、薬の力で勇猛そのものだが、給料不渡りで阿片が買えなくなると、ひょろひょろになり勝手に民財を掠めたりして、匪賊(ひぞく)と五十歩百歩の有態である。

湯玉麟は、この正規軍と、さらに自衛団という武装集団をつくり、全省を九戦区に分けて、一区から二万人、合計十八万の兵を召集出来るように用意したのである。

その他、馮占海(ひょうせんかい)の率いる一万余に、各方面から逃げ集まった、苦力(クーリー)より食いはぐりがないから、というような兵隊が二万七千位、これに張学良直系の正規軍を加えて、数の上では堂々たる大軍団ができていた。いくらよいよいの兵隊でも、これだけの数が集まれば油断は禁物である。

満洲国軍政部も日本派遣軍も、じっと湯玉麟の行動に注意の眼をはなさなかった。

参謀頭・方永昌（ほうえいしょう）

前年（昭和七年）の暮、蘇炳文に和平勧告をする心算（つもり）で、寒風を押してパラシュートの練習をしたので、前からあった神経痛が急に亢進し、一時はかなり悩まされたが、年を越して暫くすると、私の身体はもとの元気さをとり戻すことができた。

その頃、私は新京の表通りに面した家具屋の二階のアパートに、二人の妹と、上海時代から自分を慕っていてくれる千鶴子、支那人ボーイ等と暮していた。

或日、其処へ突然、もと張宗相（ちょうそうしょう）の参謀頭をしていた、方永昌が訪ねてきた。

方永昌の話を聞いて見ると、張宗相が殺されてから首長とする者がないから、私に総司令になってくれ、と言うのであった。この突然の申出を不審に思って、尚も深く理由を追求すると、方永昌は遠い因縁話をもちだした。曽て私の兄の一人が、張宗相たちと一緒に別府に行っていたとき、張宗相のピストルが誤って兄を斃した事件があった。そのときから張は私達兄弟に済まないという気持でいた。それで今度、張宗相がなくなったので、その部下達を引きつれて私に忠誠を尽したい、というのである。

それによって、張宗相が生前私達兄妹から受けていた精神的債務もいくらかは軽くなるだろうし、そうするのがまた彼の部下たるものの道だから、と言うのであった。

方永昌のそう言う眼には、真実と赤誠があふれていた。

「宜しい、私は貴方達の総司令にもなろうし、塩酢(えんそ)のことについても相談に乗ろう。」

私は即座に彼の申出を引受けて、その日から、方永昌を身近かに置くことにした。

幾日か経つうちに、方永昌の、私に対する忠誠はいよいよ不動不変のものであることが解ってきた。この三十そこそこで、三千余名からなる軍団の参謀をした程の青年武将は、私の前では、まるで借りてきた猫のように温順なのである。そして、私人の資格で私を呼ぶときには、金東珍(きんとうちん)と字(あざな)を呼び、参謀長の資格でものを言うときには、金司令(チンスウリン)と呼ぶのであった。

私は、むかし、東珍姫(とうちんひめ)などと言われて居た幼い頃のことを思いだして、センチメンタルな気持になるので、東珍という字はあまり好きでなかった。だから私は、

「東珍と呼ばないで璧輝(へきき)と呼べ――。」

と方永昌に言うと、彼は、

「僕は貴女に対する忠誠に変りがないと同じように、僕の貴女を呼ぶ言葉も変えたくありません。」

と言うのであった。そして彼は、変えるという言葉さえ、忌わしいものだ、とつけ加えた。彼は一たんこうと決するまでは非常に熟慮考究するが、既定のことは決して変改したくない、という性格の男であった。

性格的にそう言う男なので、彼の私に対する忠誠も、決して一朝一夕のものではなく、張宗相が私達兄弟に対して曽て感じていた気持をついで、彼の旧部下を私の下に糾合しようとしたまでのことであった。

血盟式の夜

私の下にあって、旧部下や、満洲八旗等の糾合に努力した方永昌は、三千余の兵を集めて、二月下旬（昭和八年）いよいよその血盟式をあげる運びにまでこぎつけた。その頃から熱河の風雲はいよいよ急を告げてきた。二月の末日、丁度その頃文芸春秋社の特派員として満洲にきて居た平野嶺夫氏が訪ねてくれて、同氏と方永昌と私の三人は、その日の夕方、奉天へ急いだ。

奉天の満鉄附属地を走り抜けた自動車は、凍ったアスファルトの大通りを商埠地の支那街へ着いた。

その街にある古びた洋風建の旅館の一つが、方永昌の部下たちによって塩酢の資に経営されているものなのであった。

其処で私と方永昌は、集っている各軍団の首領たちと必要な打合せを済まし、すぐヤマト・ホテルへ急いだ。

其処が血盟式の会場にあてられていたのである。待つ間もなくヤマト・ホテルの奥まった一室には、満洲八旗（旧清朝の旗本）に属する人達や、張宗相軍の一方の旗頭であった面々たちが二十人近く集ってきた。

方永昌を筆頭に二十人近くの人々が、壁を背後にして並ぶその前に、カーキ色の上衣、同じ地色の短袴に長靴といういでたちの私が立つと、先ず方永昌が三顧の礼をもって私を迎える。私はそんな形式にとらわれるのが嫌いだから、苦笑してそれに応じると、新聞雑誌関係の人では唯一人の来賓である平野氏が、集った面々に驚異の眼をみはっている。かつて、満蒙の曠野を木の鞍にまたがって、命知らずに飛び歩いた者ばかりで、指の数が満足に揃っていない者、耳を削がれているもの、見るからに鬼気せまるような刀創に頬を引きつらしているもの等が、よそゆきの顔をしてタブタブの支那服に身を包んでいる異様なさまに心うたれているらしかった。

やがて方永昌の三顧の礼がすむと、私はその時から総司令になり、方は副司令ということになった。次で方永昌の指名によって各々が順次に私の前に進み、その忠誠を誓った。かくて、隊名を満洲国定軍と呼び、総司令から最後の一卒にいたるまで東洋平和の為に身命を賭するも敢て辞せずという血盟が行われた。

式が終ってから、一同は支那街のホテルで酒宴を張ることになり、数台の自動車に分乗してヤマト・ホテルを後にした。私は都合で宴会の方へは出なかったが、平野氏と方永昌が、方の弟にあたる方博如に通訳をさせながら大いに気焰をあげたということである。

熱河討伐

国定軍（または定国軍ともいう）が義勇軍としてのスタートを切り、その陣容整備に万全の努力をはらっているころ、熱河に於ては湯玉麟（とうぎょくりん）が、山海関朝、凌源赤峰（りょうげんせきほう）の線を第一線に、第二、第三の陣地を構え露骨な反意を示すにいたった。

北平（ペーピン）からは救国会、華僑等の団体によってどんどん寄附金が送られ、月々五百万元にも達するというし、各地から駱駝、貨物自動車、軍服等が続々送られているという情報があった。満洲国軍政部及び日本派遣軍当局も、これを黙過しがたく、遂に熱河討伐の軍を進めることになったのである。

私を盟主とする義勇軍も、この戦に於て、分に応じた活動の部署を与えて頂いたのである——。

真相——私の天津遭難前後の

誤報

昭和十四年の春早々に、私は死を報ぜられた。ことに、上海の英字紙、ノオス・チャイナ・デリィ・ニュウスは、その紙面の三分の二ほどもまことしやかに綴った、私の死を報ずるニュウスによって埋めていた。また内地の雑誌ではモダン日本が五月号(昭和十四年)に私の死についての読物を掲載していた。ミスリポートやデマゴーグなど、そのことの善悪に拘らず、あまり感心できない筋合のものだろう。殊に死の誤報など有難いものではないのである。

柩を負うて善悪さだまる、と古人は喝破して、人の決算報告書は死んでからでないと書けないものだと教えているが、私はまだ柩の用意もしないうちに、これらの新聞や雑誌の活字の上で一生の価値評価を試みられ、死の決算報告が書かれていたのである。

それによると、五黄の寅の二十六歳、数奇で、派手で、浪漫的(ロマンチック)で、冒険的で、その上に猟奇的な陰影をさえもったその生涯を、天津の病院に淋しく閉じた——ことになっているのである。しかし、それは誤報だったのである。一昨年（昭和十三年）十二月三十一日の夜、天津の病院に知り合いの婦人を見舞に行って、抗日テロ団の兇手に襲われた事件に、揣摩臆測の翼をつけ、遂にあんな誤報が書きあげられてしまったのだ。

いま、その当時の真相について聊か書かしていただくことにする——。

天津の東興楼

満洲建国の後、その兵権をたのみ、馬上に天下を専擅しようとして叛乱をおこした蘇炳文は露領へ遁入するし、満洲へつこうかと学良と組もうかと進退去就に逡巡したあげく、遂に一生の誤算をやった熱河の省長、湯玉麟は北京に隠遁するし、これでどうやら大陸の風雲も、表面だけは小康を得たかに見えていた。

熱河事変の前に、私を盟主とし、方永昌を副司令として組織された満洲国定軍は、その建軍の使命を、王道楽土建設途上の片隅の方で果させて貰い、大陸の戦雲がおさまると同時に解隊した。——それは義勇軍の性質上当然のことで、自らを他の不正からまもるために企てられた支那の軍閥が、結果に於ては、より大きな不正の培養となり、且つこれを永久化する機構と化けて、積年の秕政(ひせい)をかさねてきたのは、彼等が平時に於ても尚かつ、曽(かつ)ての組織を維持しようとしたからで、——私たちの義勇軍はそうであってはならない、平時にあっては各自の実業につき、無限の宝庫を相手とする産業の戦士として働かなければならないと、考えたからである。

その結果、私たちの義勇隊員は、各自の故郷に帰って農業に従事する者もあったし、都会へ出て商業に従がうものもあった。私はそのとき、隊の一部のものと共に天津へ出て、飯館子(ファンヌクアンヌツ)(大料理店)と、茶館児(チャーコアール)(喫茶店)とを一緒にしたような店を経営することになった。それは平時に於ける、日支人の感情融和の機会をもつくれるし、帰農する土地もなし、俄かに都会へ出て商いを営む力もない隊員達に、一時寄寓して貰うにも都合が宜いと考えたからであった。

天津日本租界松島街にある東興楼というのが、私たちの店である。

北京南郊の不法射撃

その頃、私は北京の東単牌路(トンタンペイロ)無量大人胡同(フートング)に家を借り、其処から、時々天津へ出て行って、東興楼の経営を見たり、他人の世話をしていた。

その間にあっても、小康を得たとは言うものの、大陸は軍靴の響と、砲煙の匂が、暫く遠ざかったというにすぎず、暗雲低迷の状態にあった。殊に蔣介石が民心収攬策として、抗日思想の鼓吹にますます力を注ぐようになり、例の西安事変で監禁の中から救い出され、共産党及び紅軍と南京政府の関係が密接になってからは、再び大陸の空気が険悪化してきた。――そして遂に今次事変の端をひらく北京南郊、蘆溝橋畔の不法射撃となったのである。

事変が始まってからというもの、私たちの店、東興楼は兵隊さんの店のようになっていた。店の中庭には成吉思汗鍋（ヂンギスカン）が据えられ、其処で成吉思汗料理の立食いをするのが、天津名物の一つになっていた。そして第一線へ出て行く将兵や、奥地から戻ってくる方々の、こよなき憩い場としていただいていた。当時店では立寄って下さる兵士たちに、お茶とお菓子のサーヴィスをしていた。それは、日本の勇士達に対する感謝の気持のほんの一端であった。サーヴィスするものが、曽て満蒙の曠野であばれ廻り、熱河討伐戦では、日本軍、満洲軍と共に、その戦線で働かしていただいたことのある国定軍の勇士たちなので、日本軍勇士たちの気心をよく知っていた。店内にはいつも愉快な風景がくりひろげられ、軍国調（ミリタリィ・モオド）がみちあふれていた。

そして康徳（こうとく）五年（昭和十三年）の暮がきた。その暮も押迫った十二月の三十一日だった。私はその日の午後二時頃、無量大人胡同の邸を出て北京厚生医薬塾へ行っていた。

　この塾は日本人及び支那人の医薬員を養成して前線の衛生機関へ送るのを目的としたもので、私もその尊い使命を支持する意味で、多少塾の仕事に関係させていただいていたのである。

王太太（ワンタイタイ）

厚生医薬塾へ行って、職員の方たちと暫く話している処へ私を訪ねてきたものがあった。それは、曽て私が日本に暮した時代に、私の側近者としてついていてくれたことのある王太太の娘の愛花（アイホワ）と、その妹の書花（スウホワ）とであった。

　車站（チオーチャンヌ）から、よほど慌てて走ってきたのだろう、応接室へ入ってからもハアハア喘ぐように息せき切っていた。

　この、十七と十五になる姉妹（きょうだい）は、私の顔を見るなり、

「母（ムーチンヌ）が死にそうなんです、早くきて下さい。早く……。」

と、左右から両手にすがりついてきた。瞼には涙が光っていた。

「王太太が？——。」

私も姉妹たちの話を聞いて驚いた。姉妹たちの話によると、王太太は抗日テロ団の

一味のものに襲われて怪我し、数日前から、天津フランス租界の病院に入院していたのだが、その日になって急に容態が変り、助からないかも知れないというのである。——その病人が死ぬ前に、一目だけでいいから私に会いたいと言っているのだった。

王太太は蘇炳文の姉にあたる人で、はやくから夫に死別し、二人の娘たちを女手ひとつで育てながら、私につかえていてくれた人なのであるが、曽て、つまらない不都合があったのを自ら恥じて私から去ったのである。私はその後、人の噂にその消息を聞いていたくらいのものだったが、その娘たちに泣きすがられると、すぐ見舞ってやろうというような気になったのである。

むかし身近に居てくれた人の危急を聞いて、旧誼をなつかしむ心で胸がいっぱいになり、身の危険など考えていられなかった。

「租界問題がやかましい折柄だし、殊にテロ団の兇手に殪れた人を見舞ったりするのは、此の際見合せた方がよい、いまその病院へ行くことは、敵の牙営へ飛びこんで行くようなものだ——。」

一緒に居合せた厚生医薬塾の職員の方々も、口々に私の天津行をとめてくれたのであったが、いまにも息を引取るかもしれない重態な母を後にして、北京までわざわざ私を迎えにきてくれた二人の娘たちの心を考えると、私はどうしても、見舞ってやらなければならない気がしたのである。

夜中の闖入者

それから間もなく、天津フランス租界の馬太夫（マタイフ）医院に、私は王太太を見舞った。

「芳子さま、東珍（とうちん）さま——。」

王太太は、日本流の呼び方をしたり、支那流の呼びかたをしたりしてよろこび、私の手を枕辺に引きよせるようにして握った。

もの言う声にも、握る手にも、力がなかった。死の前に線香花火の最後のようにもり返してくる空元気だけが残っている感じだった。

やがて、その夜の十一時頃だった。王太太は私の手を握ったまま、うとうとと寝入っていた。二人の娘たちと看護婦は、そのすきに病人を私にまかせて、隣室で暫く疲労をやすめることになった。

其処へ、どこからどうして入ってきたか分らないが、三人の支那人が手斧を持って闖入してきた。

（あッ！）

と思う間もなく、暴漢の兇器は王太太の前額部を打砕き、白い枕辺は鮮血にまみれていた。

「何をするッ！」

叫びながら、私は王太太を襲った男の手許へ飛び込んで行った。

相手の利腕にしがみつき手斧を奪い取ろうと争っているうちに、私は左手の薬指のつけ根のところを深く斬りつけられた。

(――なんの、このくらいのことで！)

と、思った私は全身の力で兇漢を倒そうと思って組みついていった。そのとき後に廻った男が、私の後頭部に一撃を加えた。

「あッ！」

私が思わず叫んで、ひるむ隙をみて、後の男は続いて二度、三度と手斧で襲撃してきた。前後に敵を受けて私が争っている間に、もう一人の男は、王太太に止めの一撃を加えて室外へ逃げ出した。それに続いてあとの二人も逃げ去った。

阿修羅のような暴漢たちが逃げ去ると、私はどうしても王太太を守らなければならない、というはりきった心がゆるんだ故と、多量の出血の為に気が遠くなって、フラフラと王太太のベッドへ寄りかかるように倒れてしまった。

王太太はテロ団の一味がやっていることをくわしく知っていたので、彼女が何かを洩らしはしないか、と彼等はびくびくしていた。王太太と親しくしていた男がテロ団と連絡があったので、彼女も自然とその内幕を知るようになったのであるが、間もなく男が彼女を疎かにするようになると同時に、今度は彼女の口が恐ろしいものになってきた。それを永遠に封じる為に、テロリストの一味は王太太を殺害するつもりで、前にも暴行を加え、今また病院で死にかかっている彼女に止めの一撃を加えたのであった。

隣室で仮寝に疲労をやすめていた娘たちや看護婦は、この突然に起こった目前の惨劇に、喚き騒ぐだけでどうすることもできなかった。

奇蹟的な全癒

（——はやく警察へ知らさなければならない。）

私を慕って側近についていてくれた日本娘久保村は、そう思って外へ出ようとしたのだったが、戸外にはテロリストの一味が外部との連絡を取らせないために見張りをして居る様子なので、どうすることもできなかった。そのうちに医員達も、唯事ならぬ病室の騒ぎを知ってかけつけ、王太太と私とに応急手当をしたが、気の毒にも、頭蓋骨を打砕かれた王太太の方は、もう手当の甲斐もなかった。

気の毒な王太太の娘たちは、一秒毎に体温の去って行く母の頬や胸に、顔を押しあてて泣いていたし、久保村は誰か力になる人にこの事件を知らせようと焦せっていた。

やがて東の空が白々と明けそめる頃、漸く外部の見張りが解かれた隙を見て、公衆電話へかけつけた久保村は、日本租界の天津日報社へ電話をかけた。この報告をうけた天津日報社のS記者は、事件をすぐ日本租界警察へ知らせ、フランス租界警察へ犯人の逮捕と、負傷者の引渡しを依頼したのであったが、仏租界当局では兎角言を左右にして埒があかなかった。そのうちにテロリスト達は何処かへかくれてしまうし、私の手当も、設備のすくない病院では充分とはいかなかった。

そこでS記者は更に事件を憲兵隊に報告し、私服の憲兵三人の応援を得ることになった。私は喪心状態のまま馬太夫医院で新春を迎え、日本租界の共立病院へ移されたのは、一月の三日であった。

（まだ生きていたのか——。）

と、私が自覚することができたのは共立病院へ移ってからのことであった。

この間にあって、川島即死、テロ団の兇手に斃る、などという誤報が乱れとんだ。丁度この事件の前に、実業家の王竹林氏が抗日テロ団の兇手に殪れ、その夫人も負傷していたので、王竹林夫人を見舞に行った私がテロ団の兇手に殪れたというように報ぜられたのである。しかし、事実は前にも書いた通り蘇炳文の姉にあたる人で、王竹林夫人とは別の人なのである。どちらも王夫人なので、王竹林夫人を見舞っての遭難だというように伝えられたのであった。

それから二ヶ月余を病院にすごし、九分九厘まで助からないと言われた私は奇蹟的によくなることができたのである。

あの遭難から丁度一年——。もとより惜しからぬ一命ではあるが、幸いにも負傷も全癒し、旧康をとり戻し得た今日では、従前にもまして、大アジア建設の聖業の為に一身を挺し、分に応じたお手伝いをさせていただきたいと思う真心のみがあるだけである。

日本の皆様へ——歯に衣着せぬ記

亜細亜の主治医

支那人の特性というか、国民性というか、兎に角、支那人は全部が、非常に外交的に出来ている。支那を治めるには、余程、この特性を研究してかからねばならぬ。たとえば、病人に対して、医者が聴診器を当てて見て、病気を判断し、然る後に、手術をするとか、レントゲンをかけるとか、或はまた、適切な処方のもとに、投薬するとかするのと同様に、支那人について、その通有の特徴を捉えるために、慎重な打診の要があるように思う。

ところが、従来、日本に於ては、果して支那人を、慎重な態度で診察して来ているだろうか？　私の立場から眺めると、日本に於ける所謂、支那通をもって、自他共に許している人々の中にも、しばしば支那を誤って観察している傾きが、皆無とはいえないように思われる。しかも、支那人はこれまた、身の程知らずという奴で、肺病患者が症状を自覚しないのと同様に、本人自身は、健康を過信しているけれども、豈計らん、既に病膏肓に入り、更生の見込みの立たないまでに、悪化亢進しているのを少しも気づかないでいる。其処で、どの道医者へかからねばならないのであるが、それには、亜細亜の主治医として、充分に力量もあり、頼み甲斐のある日本に、腕を振って貰うのが、一番妥当だと信ずるわけである。しかし、一旦、身を委ねて、脈をとって貰う以上は、何処までも熱意ある万全の治療を受けたいのが、病人としての欲望で、手術をした後になって、この病気も、あの病気もという風に、余病を併発しないだけの注意を払っていただかねばならない。

支那人の通有性として、腹の中では、この医者に限る、この医者でなければ快癒は覚束ないと思いながらも、一種の外交的手段を弄して、この医者が来てくれなければ他の医者にかかるぞというような、安っぽいゼスチュアを使ったり、その医者でも治療は困難と知りながら、そこをまた、その医者でなければならないような口吻を洩し、貴下の方が技倆が秀れているなどと、空虚なお世辞を述べたりする——こうした懸引を繰返して来たのが、国民政府の蔣介石であるが、彼の腹を割ってみれば、案外のことが発見されるかもしれない。

とまれ、一日も早く、奇妙な懸引を止めて病人は病人らしく、真裸体になって診断を乞い、医者も親身になって、遺憾なく腕の冴えを発揮して、病人をして起死回生の歓喜に浴させるべく、大胆率直な根本的治療を試みてほしいものである。

　これは私個人の偏見、或は至らぬ故（せい）かも知れないが、局面を静観して、多少腑に落ちぬ点がないではない。見ようによっては、始めから病態を知悉（ちしつ）していて、手当をしているようにも思われるが、腹を切開して後、意外に重症なのに、驚いているのではないか、というようにもとれないこともない。

医者はまさか病状を知らないとは考えられないが、それほど大きな疾患とは思わなかったために、メスも糸も足らないというような情勢に逢着しているとしたら、病人としては、寔（まこと）に不幸な次第といわねばならない。だが、そうした懸念は、唯単（ただたん）に杞憂に過ぎないのであろう。

支那の良民は、何処までも、名医を信頼し、その熱意によって、病根を絶っていただけるものと信じ、大いなる希望を抱いている。

　さらにまた、病気を根治するには、病後の保養が大切であるが、今次事変に於てもそれと同様であって、戦後の保養工作こそ、最も重大である。その養生方法の如何によって、病人が生きもし、死にもするように、戦後の経営、良民指導の方法如何は、直ちに支那人をして、興亡浮沈の岐路に迷わせるわけであるから、こいねがわくは病人を絶対に殺さぬように取扱っていただきたいものである。

しかも、病後の保養には主治医の力よりも、看護婦の注意や、家族の思いやりなどが預かって力あり、その手厚い看護の効によって、病人は救われるといっても過言ではないであろうと思う。してみれば、軍部関係や政治家や、支那通のみに頼らず、日本民衆が直接起って、深い同情と理解のもとに、支那民衆に呼びかけて頂きたい。かくてこそ、支那民衆は救われるのである。

対日感情は好転しつつある

御承知の如く、支那大陸は、広漠たる上に、南方支那と北方支那とを比較すれば、風俗や習慣を異にし、まるで外国人のように言葉が違い、それぞれ民情に懸隔がある。支那全土を研究するとなれば、人間の一生を投げ出しても容易に究(きわ)め尽せるものとは考えられない。それにも拘らず、日本の支那通などといわれる人は一小部分の支那や支那人を眺めて十把一束(からげ)に論議される。甚だ迷惑至極、といわざるを得ない。何故なら、たとえ讃められるにしろけなされるにしろ、真実を曲げて解されることは、支那人と雖も、決して快よいことではないからである。

さらに清朝時代の支那と、国民政府当時の支那との間には、進歩というか、腐敗というか、僅か二三十年の間に、かくも変ったものかと思われるほどの懸隔相違がある。

この変ってきた支那は、恰かも衣服の流行のようなものであって、かかる流行に眼をとめて、支那を洞察することも正当ではない、古（むかし）から変らないのは、支那の農民である。しかも農民国の支那であるから、純朴な農民の間の事情を精査研究し、これを対象として、日本の確固不動の大方針を樹てていただかねばならぬと思う。

今日、支那の有識者は、日本こそ信頼すべき兄であり、肉親であると敬慕するに至っている。それ故、弟たる支那が、兄の命令を聞かない場合、殴りつける位のことは当然且つは必要であるが、その拳骨こそは、弟を訓戒するところの愛の火花だと解釈したい。ところで、弟が誡をうけながら、尚不明にして、とんでもない他人のところへ泣訴している――現に、蔣介石がそれであるが、これも良民の本意ではない。良民達は既に、蔣介石をわれらが指導者とも、代表者とも考えて居らないのである。

人間は感情、本能の動物であるといわれているが、排日、侮日的行為も要するに些細な感情問題から出発しているのであって、日本人は、支那人をチャンコロと軽蔑し、支那人はまた、日本人を東洋鬼（トンヤンキー）と称して、三歳の幼童までも唾棄憎悪して来た。こうした禍根が、次第に拡大し露骨となって、支那の抗日意識を、一層熾烈にかき立ててしまったように思われる。

しかし、事変以来、支那人の対日感情は、既に百八十度の転回を示しつつある。日本人に対する印象はあらためられ、非常に好転して来ている。私が田舎を旅するごとに、「今度来た日本人は、人種が違うのではないか?」などという質問を、一再ならず受けたほどで、去る夏（昭和十三年）華北の各地区に水害があったが、この天災に遭難した農民に対して、日本兵は生命を賭して救護に当ってくれたという美挙や、兵隊さんが支那の子供を可愛がってくれるというような佳話は、到る処で見聞し、その都度支那民衆の口から、異口同音に感謝の意を表している事実を知って、感銘を新たにせずにはいられなかった。

親切に指導していただきたい

従来、日本人は、支那人といえば、不潔で低級で、狡猾だというように考えて、誹謗の的にして来たように思われる。が、確かに低級であり、衛生思想も欠けて居り、日本の隆々たる近代文化の発展に比ぶれば、支那は如何にも非文化的であった。しかし、時代を少し遡れば、日本に於て支那の文化が可成り吸収された時代もある。不幸にして、支那は近代西洋の物質文明からは取残されたかたちであるが、その間、日本はどうであったか。滔々たる時流に乗り、物質文明の摂取に成功した。しかしながらそれ故にどちらかと言えば、日本人は西洋人を崇拝とまでは行かないまでも、可成り尊敬し、支那人を侮蔑した事実がないとはいえないであろう。

歯に衣着せず、遠慮なく申上げれば、日本に留学した支那人は殆んどいい合せたように日本に対してよい感情を持って居ない。これは実に奇異な現象であって、仏蘭西（フランス）への留学生、アメリカへの留学生等は、帰国後口を揃えて、その留学した国を讃美するのに、ひとり日本への留学生のみは、徹頭徹尾、日本を排撃非難するのである。その理由を訊いて見ると、大して原因があるわけではない。前にも述べたように、単なる悪感情の故である。

事変以前の排日運動にしても、それら日本留学生が多く指導者の立場に立っていた。勿論、その背後に、蔣介石政権や赤露の使嗾煽動があるにはあったが、留学生が挙（こぞ）って、排日運動に参加したということは、相当、深く検討して見なくてはならないのではないだろうか？　彼等学生達が何故に悪感情を持つに至ったか、これは日本の人々に、静かに反省していただかねばならぬ事項の一つである。が、しかし、決して六ケ敷（むずかし）く考える必要はないであろう。

手取り早い例として、非文化的で低級な支那民衆を毛ぎらいせぬ、志操堅固の日本青年が、ドシドシ大陸へ進出して来る、そして支那民衆の指導者となり、且つは相談相手となって、大陸の開発に当っていただく——かくすれば、支那人は過去の行きがかりや悪感情を一掃して、必ずその恩義に報ずるであろうと思う。

青年層に指導原理を与えてほしい

日本に於ける支那大陸への憂慮は、その赤化、共産党の組織拡大の一点にかかっているように見られる。支那民族の特殊性からいうと、支那の赤化は、一時の流行病に過ぎぬが、しかし、流行病の猖獗ほど、憎むべく恐るべきものはないのであるから、断乎として、赤魔の勢力を駆逐せねばならない。

既に流行病は循環して昔にかえる例に洩れず、徒らに欧米を崇拝した学生達も、漸く自覚して来て、共産主義に対する研究熱は下火であるが、支那の共産党を調査して見ると、食えないから食うために、不逞なる思想に捲込まれている者と、思想的に行詰り刺戟を求め、多分に英雄主義に溺れている自己満足者と、真にその主義に共鳴している者との三者に分類出来る。しかし、この思想のために殉ずるというような主義者は極めて少ない。

一番初めの食えない者には、パンを与えてやれば、自然、主義を捨てる輩であるし、次の流行病患者は、やがて妻帯して子供をもてば、その矛盾不合理に覚醒するにきまっている。そうした事例は、いくらでも数えられる。殊に、若い支那の知識階級は、思想的行詰りから、近時、非常に刺戟を欲し、無批判なまでに流行を追う傾向がある。従って、日本に於ては、これが解決対策として、こうした若き知識慾に駆られている青年層に何等かの思想的準備をしていただかねばならない。それは西洋の物質文明の理論でないところの東洋的な思想、支那民衆を救う一つの指導原理でなければならぬ。

孫文が国民党を率いて、革命に成功したのも、三民主義という青年層の頭脳が欲するところのものを、一歩先きに準備したからであると断言してもよいであろう。今次日本の聖戦の使命から考えても、若き支那の青年層を指導する準備対策を、一日も怠ってはならぬことは言うまでもあるまい。

日支提携は宿命である

今日、支那に於ける臨時政府の要人達を始め、一般民衆は、日本に対して無遠慮にものが言えない。不平や不満を、真の兄弟のようなつもりで打開けるだけの度胸がないと同時に、思うことをいわないのが支那人の癖だ。

私はここで更に、日本民衆に懇願せねばならない。支那のもつ恐怖を、取り除いていただきたい。といって、支那人にはすぐ増長する特殊な性格がある。ついては、これを恐がらせず、増長させず、そして外交辞令のうまい支那人に乗せられないように、油断せず、支那を指導するところの人材が、出現してほしいものである。

それからまた、政治に必要なものは歴史である。その歴史は物質では動かせぬ過去の事実である。この東洋の歴史を研究することによって、国民性を知り、偉人の業績を辿って、施設方策の基礎を定めねばならないが、支那の過去の大政治家と、日本の過去の偉人英雄とは、一脈相通ずるところの気魄がある。この相通ずるところのものを静かに検討して見るとき、日本と支那とは、精神的に合致出来る宿命を発見することができる。つまり、日本の武士道精神は、支那民衆の翹望（ぎょうぼう）する仁義の精神であって、その間何等の矛盾撞着をも生じない。

私はかつて、或る朝鮮人と、排日分子をもって目されている支那人と、親日家と称する西洋人等とともに、伊勢大廟へ参拝に出かけたことがある。そのとき支那人と朝鮮人とは、あの霊域に着くや、口にはいえない森厳さ、神々しさに、身も心も打たれてただに有難さに涙をこぼし、一語も発することが出来なかった。然るに、西洋人のみひとり、綺麗だと言って、感歎（かんたん）の叫びを洩らしたのであった。が、このとき、私は痛切に、われら支那人もまた神の御子であると自信づけられ、神国日本の偉大さに、今更ながら敬服せずにはいられなかった。しかも、それ以来、日支両国の関係は、人間の業も必要であるが、人間以上の神業で、必ず結ばれるものと信じられるようになった次第である。

日本人は大アジア人となってほしい

私は、不動明王の利剣には、両方に刃があると聞いている。一方は、冷酷無比と見える位の破邪顕正の刃であり、片方は、観音菩薩よりも尚一層やさしく、慈悲に溢れた愛の刃だということだが、この不動明王の利剣の功顕、即ち恩威両道(おんいりょうどう)の方法をもって、支那民衆にぶつかっていただきたいものである。それは取りも直さず、武士の情である。現在日本のとりつつある大陸政策はみな、武士の情の発露だと信ずるのであるが、こうした精神を、判然と支那民衆に認識させることにより、日本の立場は中外に光輝を放つだろうし、支那民衆もまた喜悦して、その皇道宣布の傘下に馳せ参ずると思う。

支那人は、たとえ亡国奴と呼ばわるとも、何をもって異色人種の後塵を拝することを潔よしとしよう！　せめて同文同色人種の驥尾(きび)に附し、その指導下に安心の境地を見出したいのである。

幸にして、現在の支那人が、日本の方針なり、真の気持を理解とまではいかないが、朝野の名士を迎えて、それらの人々に接するごとに、認識の度を次第に深めつつあるのは事実である。これは何ものにも譬え難いよろこばしい現象といわざるを得ない。

以上私は正直に不平不満や希望を述べた。更に最後に一言、日本人は暫く島国的根性を捨てて、大亜細亜人となり、この天恵の大陸に進出、全アジア民族の雄々しき指導者であるという、大なる自覚のもとに発展していただきたいと思う。とるに足らない私ごときものも、朝に夕に、大きな道のために、この一身を捧げようと念願している。無遠慮で、しかも拙ない日本文で、くだくだしく述べさせていただいた事柄につき、日本の民衆有志の一顧を煩わすと同時に、御教示を仰ぐことが出来るならばこれに過ぐる喜びはない。

中公文庫版付録　僕は祖国を愛す

日本の軍隊が羨しい

四年振りで貴国日本を訪れて、言い知れぬ感慨に耽るのです。先ず第一に目についたのは、日本の御婦人方（お断りしておきますが僕は男である）の洋装のシックなスタイルでした。けれども、遠慮なく採点してみれば、まあ、八点五分と言うところでしょう。もう一つは道路の立派なこと、そして軍人の服装の良いことでした。

これは僕等の国——新興の満洲国を顧る時羨望に堪えないことです。御承知の如く現在満洲国は誠に財政難なのであります。一例を言うと、僅か一袋のメリケン粉が二十三人の生命を一日保証する食物なのですが、これは正月とか節句と言った時の御馳走になるので、平常は一人一日分四銭の高粱と蕪の塩漬の香の物を約五分の厚味に切ったものが配給されるに過ぎないのです。これは僕の部下である軍隊の食物お話なのですが、総司令の僕も一兵卒も、全て同じにしてあるのです。服は灰色の木綿で、極寒の候も之に綿を入れる丈けの相違です。それでも習慣と申しますか、零下二十度の寒さにも堪えているのです。

斯様な軍隊を率いて、熱河省の隅々を駈け廻ったのですが、僕が働いたより以上の、何十倍かの宣伝が行われているので、全く面はゆい次第です。

自然の国貴国に上陸して、先ず第一に、日本の兵隊の立派な羅紗服に羨望を感じるのも、無理からぬことでありましょう。同じ商売に携っていると、仲間の種々な行動に注意を向けがちのものですが、此頃、多少の軍隊をもたせて貰ってからは、矢張り軍隊方面のことが一番目につくのであります。此心理は解って戴けると思います。お話が自ら熱河に近づきましたから、熱河討伐のことを少々記すことにしましょう。

新聞その他のニュース機関の報道で、大方は御存知のことでありましょうが、今迄も新聞やら雑誌で僕のことを報道する時分には、唯、エロ一点張りでした。けれども、近頃どういう風の吹き廻しか非常に好意ある目を向けて、段々と僕が書いてゆこうとしている此様なものを聞きたがるようになりました。が、僕がエライから追い廻されるのでは無いことを承知していますから、ちやほやされたからとて、未だ自惚れる気にはなれないのです。まあ、まあ、女優に毛の生えた位の人気があるんでしょう。

昔から婦人公論は大好きでしたから、記者の人が見えたのを機会に、誰にも余り話さなかった僕の心境をも、記させて貰いましょう。

熱河へ討伐に

満洲国三千万民衆の幸福のために、熱河へ門途出の新京の停車場。僕を見送って呉れた人々は種々な階級にわたっていました。床屋の主、ダンス・ホールの女将、半玉、芸妓、好い意味での暴力団、陸軍の人々、役人諸公、満洲国の大臣級のワイフ連、馬車曳き等の顔触れでした。これは色々の人に笑われた情景でした。何故笑われたのか僕は知らない。僕の誕生日、正月、節句等に招待する人々は、常も人生のカクテルであります。然も切ても切れない日満の色美しいカクテルであります。

汽車は出ました。女性の方は泣きました。僕はただ、笑っていました。笑ってはいたけれども、読者諸姉が想像されるように、軍隊を率いて戦場に向う自分を得意に感じたり、嬉しく思ったのでは決して、決してなかったのです。この様な和歌が貴国にあったように記憶しています。

うつ人もうたるゝ人も心せよ
　同じ御国の同じ民なり

読み人は知らないが、この歌こそは真理です。本当に今度の戦いでは、殺す人も殺される者も、均しく同人種なのです。余り嬉れしくないのも当然のことでありましょう。

けれども、僕は笑っていた。それは唯、自己の良心、弱い自分の感情を無理にも圧殺して、僕の如きやくざ者でも、愛する御国のために何か務めさせて貰おう、そうさせて貰えると言ふ国士ぶった気持の門途出を祝う微笑であったのでもありましょう。

軍用列車は満洲国父祖発祥の地奉天を通過すると、一路錦州に入りました。錦洲に総司令部を設けると、僕は熱河民団定国軍総司令官として、部下将卒に次のような訓示を与えたのでありました。

「我が支那は戦乱に次ぐに戦乱、火害の苦を逃れる暇もなくその間二十二星霜。種々な人々に、次ぎ次ぎとこの天下を預けてみたが、皇帝の愛しみ給う良民の幸福を齎し得る政治は遂に行われず、皇帝に代って天下に徳を至し得る者とては無かった。

此度、我等の皇帝は成年に達せられ、御自ら万民のために此難局に出爐あそばされ、兄弟の国日本の好意ある援助を乞うて、皇帝は生仏として茲に立たれたのである。然乍ら、皇帝は無意味な殺生を憎みたまう。出来る限り人命を傷けることなく、殺さぬように戦争せよ。

我が定国軍が戦勝したとて、それのみにて総司令は喜ぶものではない。ただ、ひたすらに百姓に幸福なる、安らかな生活を与える楽土をさえ建設し得たならば、汝等の総司令にこれ以上の喜びはないのである。其道の為に相ともに身命を棄て尽くせばよいのである。

而も、正義に強い日本軍は遥々僻遠の地にまでも、援助に来て下さっている。日本軍の将卒に対しては、心から歓迎し、心から感謝し、心から信頼して保護も受けねばならないのである。土地の様子は汝等の方が遥かに明るいのであるから、出来る限り積極的に協力して、尊き使命を貫徹せよ。

今日以後、此見掛けの貧弱な、体の小っぽけな、而も貧乏な総司令を戴く汝等は、或は不幸であるかも知れぬが、所謂軍隊の如き固苦しい考えは止め、総司令を親とも兄とも思い、よく自分を保けて皇帝のために前進して欲しい。貧弱なりとは言えど総司令は全身に沸る血潮の、最後の一滴に至るまで、汝等の幸福、君国の平和のために一身を棄てて尽す誠意は、六尺七尺の男子にも劣らぬものではない。ただ、総司令を信頼して邦家のために全力をつくせよ」

と、言う意味の極めて雑駁な、極めて奇抜な訓示を出したのでありました。かくて僕の軍隊は、この趣旨をよく理解して叛かず、四六時中僕を助けてくれた有様は、今、静かな夕べ公使館の樹木繁る庭園に立たりすると、まざまざと思い出されてくるのであります。

　そして無意味な戦を避けるために、血気の強者が夜鳴きする腕を撫して脾肉の嘆にくれ乍らもよく此小さき総司令の命令に服従したのでありました。出征十日にして、熱河は湯玉麟軍（反満の態度は定まらなかった）も、僕の定国軍も入り混り乍ら宛然平和郷の観を呈していました。今にして思えば嵐の前の静けさであったのでしょう。その後の情況は、軍の機密に属するので記し得ないのであるが、運命の悪戯と申すより他ないのです。僕と愛すべき兄弟分は、涙の袖を分たねばならなかったのでありました。それは湯玉麟が反満に転向したためでした。この時の僕、心は千々に乱れて、果ては今直ぐにも軍隊をやめ、自分は彼等と共に反満反日の輩と謗られるとも、熱河の露と消えなんとすら、思ふことも、ありました。僕は男である、こう自分を叱咤しても、意気地なくもその時は女の涙が両眼を寂しくうるませるのでした。

　此乱世に生を享け、邦家のために微力乍らも尽させて貰える自分を、嘗ては無上に喜んだ僕である。さりながら、又一方にあってはこの時世に生れた自分自身を、憐れましくも呪いたくなるのでありました。昨日までは共に食い、共に笑い語り合った仲間が、今日は敵である。そして戦うどちらかが冷めたき屍を雨露に晒し、狼の餌食となる。それも何らの意味なき死であるために、僕の心は言いしれぬ寂寥に曇るのでありました。

然しこれとて、御国への御務めであるから、と心に鞭を打って終始斯様な感情に捕われながらも、何うやら斯うやら無知な百姓達にも、日満両国を理解せしめるのに成功したのでありました。

日本軍が熱河に入った時分には、御本尊の満洲ですら馬賊匪賊の悪業の絶間ない時でありました。況や熱河は反満日軍の屯す地方、此処で一発の銃弾をすら日本軍に向けしめなかったのは、大胆に僕は断言する。それは我が定国軍の力であったことを、何人に憚るところなく断言し得るのであります。この為には、殺生嫌いで商売違いの僕も、二回まで弾丸飛雨の戦場に立ちました。斯様に勇気のない総司令の率いる軍隊ではありましたが、勿論、定国軍の将卒は戦闘意識に燃えたっていたのです。燃え切っていたから恐らく不平不満であったのは当然でありますが、四十日に亙る戦地の焦ら立った心を圧えて、戦争らしきものは僅かこの二回のみに止め得たのであります。妙なもので前進ただ前進と勝戦をのみモットーとする部隊は、将卒の間のいさかい無しとも申されませんが、弱虫の僕を総司令とする定国軍は、戦争はしたかったに相違ないが、僕の命に服し、戦わずして勝つの妙機を握って寧ろ効果をあげ得たのでありました。

日満親善のため

二十二年の久しい間、徒らな武力に飽き果てている我同胞に、同じく武力のメスを加へて、その病根を治療しようとする。それは愚かしいことだと思います。満洲を春爛漫の楽土たらしめるためには、多少の武力の荒療治もやむを得ないのかも知れませんが。僕の心には堪えられないものがありました。

日頃僕が考えているところは、武力のみではならない。殺風景な血生臭い中から、明朗春の御空の如き大慈悲心をもった麗わしい観世音の権化が現れた時に、哀れな我同胞は真に救われるのではないかと考えるのです。（観世音と書いたからって、決して、決して僕自身なんかのことではありませんよ。）

嫌やな人殺しをその日その日の鬼ごっこ位にしか思わない人民たち。隣村でパチパチ銃声がしたとて、平気で阿片を採り、高粱を刈っている百姓たちの姿は、平和な日本の方には御想像だに及ばない珍風景でありましょう。嘗て僕が熱河のある村を巡察したことがあった。村の百姓どもに訊ねてみました。

「此村は平和か？」

「ハア、昨日ここを通った（馬賊が）ばかりで御座います」

と、こともなげに答えた歯抜け婆さんの口元には、静かな微笑が漂っていたのです。そしてさりげなく独言の様に続けて言いました。

「日暮れまでに隣村にゆきつけなければ、また戻ってくるかも知れませんよ」と、まるで隣村に遊びに出掛けた孫の話でもするような調子だったのです。村を荒されても、娘を盗まれても多少のことは諦めているのが、目下の気の毒な我同胞なのです。

茲で一言申上げておきたいことがあるのです。甚だ失礼な、無遠慮な言い方であるかも知れませんが、言葉にとらわれず真意を汲んで読み続けて戴きたいのであります。従来百姓たちは、苛酷に過ぎる租税の取立、馬賊匪賊の跳梁に苦杯をなめて、細々と生活の煙をあげて来たのでした。貴国日本から比べたなら地獄生活をつづけているのですが、今回の戦争で又もや畑は荒れ家を失い、或はまた、親兄弟の屍を抱かねばならない有様でした。

僕は直立不動の姿勢をとり、衷心から百姓のために訴えたいと思うのです。不幸な百姓は祖先代々血を吐く思いで築きあげた小やかな家も畑も失わねばならなかったのです。戦争前ですら、身一つ生きるために子を棄てる者さえ少くなかったのです。僕が熱河に軍を進めた時でした。馬を進める寒夜に、フト子供の泣き声を耳にしました。

見渡す寒い野原、広野。遠くの山には雪が白く輝いていました。人家とてない原、来年の春の訪れるまでは一望の広野でしかない畑中路で、僕は子供の泣き声をきくのでした。不審に思って、駒を止めて、耳を澄せば消え入るような子供の弱い弱い泣き声でした。うっかり兵隊達に言って錯覚でもあって、戦場に出る身が女の弱さを笑われたくなかったのでありました。

確かに聞える子供の泣声に僕はもうじっとしていられなくなって、兵隊達に探させました。果して幼な児が兵隊に抱かれて来ました。親の名も知らない。家も知らない。全くの棄て子であったのです。子供の片言を聞いているうちに、戦場に出る身ではありましたが、どうしても、残して通り過ぎることが出来なかったのでした。

馬背に乗せて、僕は再び前進を命じたのです。それから幾十日か、定国軍の総司令部にこの憐れな子供の、愁いを忘れた笑声が賑わっていたのでした。荒んだ戦地の一沫の潤いでありました。

親愛なる日本の女性諸姉、お互いに率直に心を語りましょう。それこそ、日満両国がより以上に固く強く結ばれる近道であろうと思います。再び襟を正してお互の幸福の殿堂を建設するために、書き記そうと思います。

友情の国日本を訪れて、赤い夕陽の満洲で御苦労下さる日本軍の方々には、感謝以外の言葉を知らないので有ります。その尊い実情をみるにつけ戦国の民の不幸を歎きます。寧ろ、日本の方々に御迷惑かける満洲国民の一人として、友情に泣かされるのです。

けれども、誰れにも同情されることなく、家を失い畑を失う満洲の百姓達のために、僕は日本女性の尊い同情の眼の向けられることをもお願いしたいのであります。哀れな百姓達は罪なくして惨めな姿をしています。一々の例を書くことは、今の立場上遠慮したいと思います。

偉らそうなことを言っても、僕も俗世間の凡人です。種々の感情に支配され易い人間である。大望の前の小犠牲であるとは知り乍ら、そして、(僕は男である‼)と大声で怒鳴りたてても、体を流れる女性の血ゆえであろうかと、人知れず口にも言葉にも言えない寂寥の念を味わねばならないのでした。定国軍司令部から十六夜の月を仰いでは、あじきない世を幾度か呪わずには居られなかったのでした。この感情を「運命だ、仕方がない」の一言で沫消しては、その日その日を過して来たのであります。

定国軍は日本軍と同じ村に駐屯して居り乍ら、前に記したように高粱と蕪の塩漬一切れで食事を済まさねばならないのに、日本軍は羅紗の服を着、各自に飯盒から温い飯を食べ、故国からの心尽しの慰問品の缶詰に舌鼓みをうつのをみて、僕は自分の兵隊にも温い服を、国民の理解と同情を与え得るようになりたいものと思うのでした。戦争嫌いと申しながら、兵隊によい待遇をしてやりたい等、甚しい矛盾ですね。

僕が十四の歳から夢見望み続けて来た日満の提携は、日本の女性の方々も均しく望んで居られることでありましょう。目下の満洲は全く受身の形ですから、軍人、官吏諸公からルンペンに至るまで、日本の方々の影響を受けること甚大であります。何卒最もよき方法で満洲人を導いて戴きたい。

親愛なる日本の知識階級の女性諸姉。満洲は軍律正しく情の厚い日本の軍隊の力を得て、益々よき国家として生長しているのです。満人と共々に満洲の資源を開発して、人類のこよなき楽土を建設しようと涙ぐましい努力を続けられる本然の日本人のなかにどうかすると、所謂支那浪人の悪い人が混入していることも否定できません。これをしも日本人であるとし日本人と思わしめることは、満洲人のためにも不幸であります。幼時から日本で育てられ、日本の本来の美点を理解し、日本から多くの恩恵を受けている僕は、その人々を日本人と信じることは出来ません。折角僕等の信じる「よき日本人」がこうした人達に依って冒瀆されることは、日満両国のために誠に不祥事と申さねばなりません。無遠慮にも誌上をかりてこんなことを告白し訴える僕の心情は、日本を信頼し協力を願うが故であります。矢張「日本人」と言う名詞を以って呼ばれる人々の間にまだまだ数え上げる僕等の不平もありますがそれは公開の誌上では御遠慮します。

女だてらに男装して、世間からは売名の徒と誤られながら（名を売ったとて僕に何の益するところがありましょう！）出しゃばっているのは、一日も早く一本立ちの国家に生長し深い恩ある日本帝国に万分の一の恩返しの志を表したいからに他ならないのです。随分とくどく記しました。が、何卒、僕の真意を理解して下さいますように。――

然し、僕は種々の情景に喜び涙したことでした。日満の兵隊が御飯を分け合っている美しい友情のシーンもありました。百姓の家財人命を守ってくれた日本兵も無論多かったのです。けれども、人々はお世辞の他には、良いことは言わないものです。それと反対に悪い場合には針小棒大に村から村へと直ぐ知れ亘るものです。日本人と名乗るからには有難たい陛下の御恵み深い御旨に叛かず、満洲国人をいたわって戴きたいと思います。

元来、蔭で噂することの嫌いな僕は、支那人に向かっては支那の悪口を言って来ました。日本の皆様にも亦、改められたいことを卒直に申しました。幼児から思い出も楽しく、お友達も多く、望外の御恩に預かっている日本のことを何故に書いたのかは、賢明な女性は理解して下さることと思います。強き日本を信頼し、清き日本の軍隊を尊ぶ僕の心情を諒承して、憎まず叱らず花をもたせて帰らして下さい。

多忙の時間を盗み乍ら綴ったこの手記は、杜撰の誇りをまぬかれません。若し疑問でもあったら、婦人公論の編集部を介して質問して下さい。出来得る限りお答えするのも、日満親善への楽しい道であろうと思います。

「婦人公論」（昭和八年九月号）

本誌獨占手記

僕は祖國を愛す

川島芳子
金璧輝

（上海事變中の筆者）

曾て本誌に連載好評を博した長篇小説「男裝の麗人」のモデル、金璧輝將軍こと川島芳子さんが來朝された。此日、記者は滿洲國公使館に訪れて、署名になる手記獨占の快諾を得ました。從來種々に第三者によって描れた川島さんの心情は、今こそ自らペンに託して發表されました。尚、「僕の寫眞自叙傳」も勿論同氏が本誌のために特に執筆されたものです。

日本の軍隊が羨しい

四年振りで貴國日本を訪れて、云ひ知れぬ感慨に耽るのです。先づ第一に目についたのは、日本の御婦人方（お斷りしておきますが僕は男である）の洋裝のシックなスタイルでした。けれども、遠慮なく採點してみれ

「婦人公論」昭和８（1933）年９月号の手記。金璧輝の名前でサインをしている

川島芳子年譜

年	出来事
一九〇七（明治四〇）	五月二四日、粛親王善耆と第四側妃の間に第十四王女愛新覚羅顕玗北京に誕生
一九一一（明治四四）	一〇月、辛亥革命
一九一二（明治四五）	二月、粛親王一家旅順へ亡命
一九一五（大正四）	芳子来日
	豊島師範附属小学校入学。赤羽まつ江、芳子の家庭教師に
一九一七（大正六）	二月、憲奎ら六人来日
一九二〇（大正九）	豊島師範附属小学校卒業、跡見高等女学校入学
一九二一（大正一〇）	顕珊、芳子駒込上傳中の川島本邸で同居
	九月、浪速の松本転居に伴い、松本高女へ聴講生として転校
一九二二（大正一一）	芳子実母第四側妃、実父粛親王旅順で死去
	葬儀と服喪のため松本高女を半年休学
	八月、浪速と芳子、長野野尻に避暑

	復学は許されず以後浪速による教育、再び中国へ
一九二三（大正一二）	一一月、北京で溥儀に謁見、その後帰京 芳子の弟たちの家庭教師として土屋隆瑞が出入り
一九二四（大正一三）	粛親王の財産問題で浪速、芳子大連へ
一九二五（大正一四）	大連から旅順、奉天とまわり帰国、松本へ 七月、銀座で中日倶楽部の集いに浪速、芳子参加 九～一一月、大和丸、松本歩兵第五十連隊中尉の山家亨との恋愛騒動、断髪男装へ 一二月、松本から鹿児島、その後浪速北京へ
一九二六（大正一五）	春、鹿児島から満洲、その後松本へ 一〇月、浪速の講演会へ付き添い大連へ
一九二七（昭和二）	二月、大連から北京へ 三月、浪速、廉子を松本へ連れ帰る 一一月、芳子、旅順でカンジュルジャップと結婚、その後大連、モンゴルで生活
一九二九（昭和四）	八月、九月、『講談倶楽部』で「男装の王女」掲載 麻績の無聖庵完成
一九三〇（昭和五）	芳子、カンジュルジャップから去り、日本へ

一九三一（昭和六）	その後実兄憲立から二千円を持ち出し、上海へ 春、阪神地方を経由し神田で元代議士今里準太郎と接触 秋、浪速大連へ転居し、芳子と廉子同居 秘書千鶴子が芳子に仕え始める 九月、満洲事変後、奉天の関東軍高級参謀板垣征四郎と接触 一一月、溥儀の天津脱出後、皇后婉容の脱出に付き添う、その後大連へ
一九三二（昭和七）	一月、上海事変勃発に上海公使館付武官補佐官の田中隆吉と共に関与 三月、満洲国建国、その後松本へ戻り再び上海へ 春、作家村松梢風と二ヵ月取材のため同居生活、その後憲立と芳子は大連へ 七月、久々の日本帰国、関東軍司令官本庄繁を訪問、その後松本へ 八月、松本から上海を経由し大連へ、田中隆吉と再会、共に奉天へ 九月、村松梢風『婦人公論』で「男装の麗人」連載開始 九月、ホロンバイル事件

一九三三（昭和八）

九月、新興キネマ『満蒙建国の黎明』封切
一一月、多田駿と奉天から新京、ハルピンを経由してチチハルへ、交渉には立ち会わず、その後ハルピンへ
ハルピンでのトーマス・アベと、筑紫熊七との交際
ハルピンからトーマスと天津へ
一月、天津から新京経由奉天へ
二月、奉天ヤマトホテルで定国軍血盟式
その後熱河、錦州、新京へ
四月、『男装の麗人』刊行
新京で一ヵ月半療養
七月、来日、東京の満洲国大使館に滞在、水谷八重子と面会
八月、ラジオ出演、その後松本で講演会、東京に戻り蒲田の松竹キネマ訪問
八月下旬、東京から熱海、湯河原経由新京へ、顕琦と同居
九月、コロムビアより「十五夜の娘」発売
一〇月、キングレコードより「キャラバンの鈴」発売
一二月、北京日本大使館武官室で株成金伊東ハンニの「新東洋主義論」発表に同席、その後天津へ

一九三四（昭和九）
一月、天津から再び新京を経て東京の満洲国大使館に滞在
三月、舞台『男装の麗人』上演
廉子、伊東ハンニと九段で同居、その後中国へ
一二月、再び東京で浪速の古希祝いを廉子と相談

一九三五（昭和一〇）
一月、松本で浪速の古希祝い、その後黒姫を経て東京へ
春、愛国社の岩田愛之助と相撲見物
四月、溥儀来日
五月、伊東ハンニと日本各地のホテルに滞在
秋、松本、麻績から天津へ

一九三六（昭和一一）
春、脊髄炎で松本浅間温泉へ療養
秋、大連へ行く廉子を神戸まで見送りに、その後天津へ

一九三七（昭和一二）
一月、療養帰京
三月、松本高女で講演、松本市公会堂で講演
四月、東京で応援演説
七月、日中戦争開始
天津東興楼を開く、李香蘭東興楼を訪れる

一九三八（昭和一三）
夏、天津から北京へ、伊賀上茂と面会
秋、福岡高女で講演

	暮れ、暴漢に襲われ天津共立病院に入院
一九三九（昭和一四）	一月、伊賀上東興楼に一ヵ月同居 天津から福岡へ、博多ホテルを経て清流荘滞在 初夏、園本琴音と出会う
一九四〇（昭和一五）	歌日記つけはじめる 二月、伊賀上茂『動乱の蔭に　私の半生記』刊行 五月、李香蘭と清流荘で会う、北京宅に中国健児鉄血暗殺団からの恫喝の手紙 秋、北京へ行くが関東軍による芳子暗殺命令が出ており、大連、別府経由で福岡へ、この頃から笹川良一と交際
一九四一（昭和一六）	四月、外相松岡洋右と福岡雁ノ巣空港で再会、帰京許可を要請 五月、博多清流荘を去る
一九四二（昭和一七）	秋、京劇役者梁花儂の娘秀娟を憲兵隊から救う 東京へ
一九四三（昭和一八）	一〇月、小方八郎と北京へ 尹夢蛍と同居 憲兵司令郡文凱と同居
一九四四（昭和一九）	邵文凱の河南省長就任に伴い開封へ

	その後北京と開封を行き来
一九四五（昭和二〇）	一一月、北京で逮捕
一九四七（昭和二二）	二月、国防部戦争犯罪者審判軍事法廷出廷のため南京に移送
	五月、南京より北京に戻される
	一〇月、死刑判決
一九四八（昭和二三）	三月二五日、北京第一監獄で銃殺、享年四〇

寺尾紗穂著「評伝 川島芳子 男装のエトランゼ」（文春新書二〇〇八年 文藝春秋社）より転載

解説

寺尾紗穂

本書の祐筆をてがけた伊賀上茂は一九〇四年愛媛松前町に生まれた。芳子より三歳年上である。昭和五年には『翼　伊賀上茂詩集』を出し、戦後も『詩集　残照』を上梓した詩人であった。『日本現代詩大系第八巻　昭和期㈠』（昭和五〇年）にも林芙美子や金子光晴らとともに収録されている。詩の創作のかたわら、昭和一六年には『日本女性の力』、一九年には『久坂玄瑞とその妻』といった読み物も執筆しており、伊賀上にとって女性への着眼が継続してあったことがうかがえる。本書はその二作に先立って書かれた。

伊賀上は昭和一四年の一月の一か月、芳子が店主となっていた天津の東興楼で暮らしながら本書を書き上げたが、彼自身がことわっているように、自叙伝といえど「多少の粉飾」がなされている。これは村松梢風が二か月彼女のそばで取材をして書き上げ、芳子を一躍時の人にしたフィクション『男装の麗人』も同様である。村松は上海事変時に芳子を利用した軍人田中隆吉の紹介で、芳子の小説を書くことになった。田中としては、清朝王女が暗躍する小説で、芳子の知名度を上げて日本側の利用価値を高める狙いがあっただろう。満州国建国が実現した昭和七年というタイミングに合わせるかのように連載が始まったこの作品は、翌年中央公論社から出版されるとベストセラーとなる。芳子は特異なキャラクターで耳目を集めたが、同時に清朝粛親王第一四王女として日満親善を象徴する存在であった。

村松は戦後、この作品について、「ずい分の出鱈目」を書いたが、生い立ちや私生活は取材を生かしたことを証言している。蒙古への嫁入りと脱出、ラストエンペラー溥儀の妃婉容の天津脱出への関与、上海事変での暗躍。『男装の麗人』の執筆前夜、芳子をめぐる状況は話題にことかかなかった。実際は大した役割をせずに終わったことも、梢風によって大胆にフィクション化された。その七年後に時代社から出たのが『動乱の蔭に』だ。芳子は昭和八年の松本での講演会で「この身に三弾」を受けたと発言しているが、若いころに恋愛のもつれで自殺未遂をし、ピストル痕のある体は、その予後がよくなかったものか、このころから国内外での「療養」が目立つ。まだ二五、六の若さであるが、昭和七年のホロンバイル事件当時、パラシュートで和平交渉に臨む予定も、神経症の亢進で頓挫している。さらに、伊賀上に取材を受ける直前の昭和一三年暮れには、反日派と思われる暴漢に襲撃され入院という事態にも見舞われた。乱高下する人生のなか、日中のはざまに立つ自らについて省みるところもあったはずである。『動乱の蔭に』が出版になる少し前から芳子は「歌日記」を付け始めた。ここには、武士道精神をよりどころに日本のことを信じながらも、次第に日本への不信が浮き彫りになる歌や詩が書かれており、『真実の川島芳子』（川島芳子記念室設立実行委員会、二〇〇一）に収録されている。

心身ともに翳りが見え始めた時期に芳子が伊賀上に伝えた言葉は、虚飾の少ないものだったと思われるし、伊賀上には村松のように、芳子を有名にするといった、軍からの期待もなかった。結果『動乱の蔭に』は、後半の事件風の展開は別として、芳子の半生の実態をある程度丁寧に写し取れているのではないかと思われる。たとえば『男装の麗人』では婉容の天津脱出は芳子が「激しい銃砲声」がつんざく中、「クーパー型自動車の蓋をあけて后と犬とを荷物のやうに押し込み」単身車を運転して妃を逃したことになっていた。本作では「妃を安全な処へお移ししなければならない重大な任務」があったと書く割にはずいぶんあっさりとした描写で、具体的な芳子の行動は見えてこない。後ろの章でこの脱出の成功に際し妃から送られたという「翡翠の指輪」が芳子の命を守るという場面が出てくるが、このあたりは「多少の粉飾」の可能性もあろう。中国側の資料『偽満宮廷雑憶』（四川人民出版社、一九八一）によれば、芳子はたしかに妃の天津脱出に同行したが、中国人を含めた大勢の随員の一人であったという。「重大な任務」の詳細が語られなかった背景はこのあたりにありそうだ。本作における「創作」は『男装の麗人』に比べて控えめと考えてよいだろう。

明らかにフィクション風になっていくのは本作の後半「上海R・M・C倶楽部」以降だ。「上海市民ならだれでも入会できる、極めて自由な社交クラブ」であるこの倶楽部をめぐって、左翼青年の武村、ロシア人とセミヨオン、セミヨオンと芳子と共に倶楽部を経営する陳たちが、武器製造会社の一味によって監禁事件に巻き込まれる。倶楽部のRはロシア、Mは満州、Cは中国を現し、セミヨオン、芳子、陳らの出自を現している。当時の魔都上海にはこれくらい多様な人種が集っていただろうし、そこには自由の気風があっただろう。当時の中国にはロシア革命から逃れてきたロシア人が多く、母国の「赤」化に対して「白系ロシア人」と呼ばれた。満州においてはハルピンが彼らの町になったわけだが、上海に流れてきた者もいた。その「白系」のセミヨオンに芳子が、左翼青年武村を通訳として雇わせるという設定も興味深い。村松が描いたように上海でダンサーをしていたかは定かでないが、芳子がダンスの並外れた才能で上海のダンスホールを沸かせたことは確からしい。当時は息苦しい内地を逃れた左翼知識人が大陸に渡り、満鉄調査部に居場所を確保した流れなどもあったわけだが、多様な人々が集い、自由な語らいができる国際都市上海で、彼女は水を得た魚のように人々と交流したのだろうし、彼女にとって上海は五族協和、王道楽土のイメージに近い都市だったかもしれない。

しかし日本と中国の間で、芳子の考えはすでに揺れている。

「どんな思想も、どんな国家も信頼できないような気がする」

「主義や主張よりも、その人柄に重きをおくようになってきました」

「今度の事変の見方だって、日本人の見方とも異うし、支那人の考え方とも違うのです」

彼女は、満州建国までは積極的に日本軍に協力している。それは清朝復辟という亡父粛親王の悲願ゆえであり、当時は多くの満州王族が日満親善を夢見た。しかし傀儡としての溥儀、日本軍人や大陸浪人などの目に余る横柄な在り方が明らかになるにつれ、芳子も不信を募らせていく。本書巻末の「日本の皆様へ—歯に衣着せぬ記」は、最大限日本人に遠慮しながらも、日本人による中国分析や批判がいい加減であること、中国人に対し差別意識があり侮蔑行為も散見されること、また日本に行った中国人留学生たちが、反日感情をもって帰国してしまう原因を問い、島国根性を捨てるべきと忠告するなど、日本人に率直にもの申している。

芳子の秘書小方八郎は、芳子の死刑が確定した後、蔣介石にあてて助命嘆願書を書き、「人間の税関が必要だ、若しそれが出来たら、真先に引掛るのは、日本の軍人野郎共だよ」という芳子の言葉を引いたが、彼女は関東軍軍人のコネクションを利用して、憲兵を抑え、多くの中国人を救ったこともあった。一方で親族に対してさえ別人のように悪印象を与える時もあった。清朝王女として生まれ、日本人として育ったものの「チャンコロ」と中国人を蔑む場面にも幼少からでくわしていた彼女の経験と視点は、もっと有意義に活かされる可能性もあっただろう。しかし、彼女は松本藩士の家に生まれた大陸浪人川島浪速に育てられた。「武士の子故にかくも辛らきぞや　なでふ和子のみ地平線に立つ」と詠んだ芳子は「武士道精神は、支那民衆の翹望する仁義の精神」と通ずると深く信じていた。宮城遥拝を欠かさなかったという。天皇が国によって巧妙に利用されたように、溥儀も芳子も満州統治のために利用された。その構造を見抜けなかったことをもって彼女を無知とするのは酷であろう。彼女に限らず二国のはざまに生を受けた者にとってアイデンティティの揺らぎは深刻な問題である。日中関係が激変する渦中を生きた彼女が必死で二国をつなぎ合わそうと拠り所にしたものが「武士道」であった。武士道と「我が古来の教え」とに共通の「仁義」を見出し、日本に不信を抱きながらも「亜細亜の主治医として、充分に力量もあり、頼み甲斐のある」とリップサービスをして中国の今後を託すしか術がなかった姿が痛々しい。「上海R・M・C倶楽部」の騒動は、芳子が中国人の便衣隊たちの話を聞いて金を用意してやることで、セミヨオンや武村を解放する。政治的には和平のために動こうとしながら、意味ある動きをほとんどできなかった彼女が、ここでは慈悲心ある主人公となっている。そのことがまたなんとも切ない。実に制限の多い人生であったと思う。実父の清朝復辟の悲願、養父のアジア主義思想、二つの祖国の戦争とその終結。様々な要因に絡めとられ、戦後中国を「川島芳子」が生きることは許されなかった。山室信一は満州国をギリシア神話のライオン、山羊、毒蛇などから成る怪獣キマイラ（キメラ）に例えたが、時代と生い立ちの掛け合わせが生み出した複雑な人生の、その悲しいほどの行き場のなさは、満州国という幻の国の瓦解にそのまま符合するようにも思われる。

二〇〇八年に拙著『評伝 川島芳子　男装のエトランゼ』（文春新書）を出版したが、その同年に、彼女が一九七八年まで長春郊外で「方おばあさん」として生きていたとする証言者・張鈺が現れたことは触れておくべきだろう。「方」と「芳」とは中国語で同じ"fang"という発音である。張氏は、幼少時にかわいがってもらった「方おばあさん」は川島芳子であると主張する。二〇〇九年彼女は来日し、関係者が集まって松本でお会いしたが、興味深く聞いたのは、彼女が幼いころ度々「方おばあさん」に連れられ近くの山まで登らされたエピソードだった。おばあさんは頂上で必ず遠くへ向かって「オーター」と叫んだ。それが何を意味するのかはわからなかったという。しかし、これが芳子と共に逮捕され、晩年まで芳子が信頼を寄せていた秘書小方八郎の「小方」だったのでは、という話になった。張鈺は祖父の臨終時に「小方八郎に渡してほしい」と「方おばあさん」から頼まれていた七宝焼とその中にいれられた謎めいた手紙を渡されており、このことは中国の新文化報でも報じられた。

方おばあさんは張鈺に「武士道」を語り、左胸には傷があったという。二〇一〇年に出版された李剛・何景方『川島芳子　生死の謎　長春での生存説調査記録』（ブイツーソリューション）に詳しいので気になる方は是非参照されたい。

川島芳子メモリアル写真

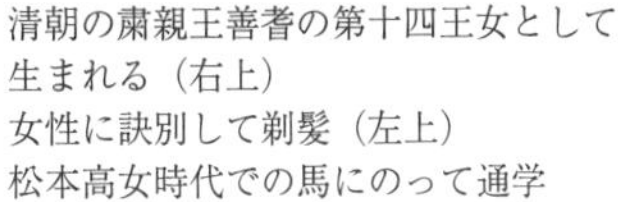

清朝の粛親王善耆の第十四王女として
生まれる（右上）
女性に訣別して剃髪（左上）
松本高女時代での馬にのって通学

昭和２（1927）年、旅順ヤマトホテルで結婚

思春期

松本にて。左から二番目は川島浪速、三番目が芳子

昭和12（1937）年、天津に料理店「東興楼」を開店。中央が芳子

昭和８（1933）年、満州国軍司令官となる。熱河にて

男装の芳子

編集付記

一、本書は、一九四〇（昭和一五）年に時代社から刊行された川島芳子著『動乱の蔭に――私の半生記』を底本とした。巻末に一九三三（昭和八）年に「婦人公論」に掲載された川島芳子の手記「僕は祖国を愛す」を収録した。

一、旧字旧仮名遣いを、新字新仮名遣いに、また、以下のように改めた。然し→しかし、亦→また、若し→もし、尤も→もっとも、軈て→やがて。明らかに誤植と思われる語句は訂正した。難読と思われる語句にはルビを付した。

一、本文中に今日では不適切と思われる表現もあるが、発表当時の時代背景と作品の文化的価値に鑑みて底本のままとした。

中公文庫

動乱の蔭に
――川島芳子自伝

2021年9月25日　初版発行

著　者　川島芳子

発行者　松田陽三

発行所　中央公論新社
〒100-8152　東京都千代田区大手町1-7-1
電話　販売　03-5299-1730　編集　03-5299-1890
URL http://www.chuko.co.jp/

ＤＴＰ　嵐下英治
印　刷　三晃印刷
製　本　小泉製本

Published by CHUOKORON-SHINSHA, INC.
Printed in Japan　ISBN978-4-12-207109-4 C1123

中公文庫既刊より

各書目の下段の数字はISBNコードです。978－4－12が省略してあります。

あ-36-2
清朝の王女に生れて 日中のはざまで　愛新覚羅顕琦（あいしんかくらけんき）
故郷や実姉の「女スパイ」川島芳子の思い出、女子学習院留学から文革下二十数年の獄中生活など、さすらいの王女の感動的な自伝。〈解説〉上坂冬子
204139-4

あ-72-1
流転の王妃の昭和史　愛新覚羅浩（あいしんかくらひろ）
満洲帝国皇帝弟に嫁ぐも、終戦後は夫と離れ次女を連れて大陸を流浪、帰国後の苦しい生活と長女の死……激動の人生を綴る自伝的昭和史。〈解説〉梯久美子
205659-6

し-45-2
昭和の動乱（上）　重光　葵
重光葵元外相が巣鴨獄中で書いた、貴重な昭和の外交記録である。上巻は満州事変から宇垣内閣が流産するまでの経緯を世界的視野に立って描く。
203918-6

し-45-3
昭和の動乱（下）　重光　葵
重光葵元外相は巣鴨に於いて新たに取材をし、この記録を書いた。下巻は終戦工作からポツダム宣言受諾、降伏文書調印に至るまでを描く。〈解説〉牛村　圭
203919-3

し-45-1
外交回想録　重光　葵
駐ソ・駐英大使等として第二次大戦への日本参戦を阻止するべく心血を注ぐが果たせず。日米開戦直前まで約三十年の貴重な日本外交の記録。〈解説〉筒井清忠
205515-5

し-5-2
外交五十年　幣原喜重郎
戦前、「幣原外交」とよばれる国際協調政策を推進した外交官であり、戦後、新憲法に軍備放棄を盛り込むことを進言した総理が綴る外交秘史。〈解説〉筒井清忠
206109-5

と-2-2
時代の一面 東郷茂徳 大戦外交の手記　東郷　茂徳
開戦・終戦時に外務大臣を二度務め、開戦阻止や戦争終結に尽力。両大戦にわたり直接見聞、関与した事件・諸問題等について克明に綴る第一級の外交記録。〈解説〉東郷茂彦
207090-5

ほ-1-1
陸軍省軍務局と日米開戦
保阪正康
選択は一つ——大陸撤兵か対米英戦争か。東条内閣成立から開戦に至る二カ月間を、陸軍の政治的中枢である軍務局首脳の動向を通して克明に追求する。
201625-5

い-130-1
幽囚回顧録
今村均
部下と命運を共にしたいと南方の刑務所に戻った「聖将」が、理不尽な裁判に抵抗しながら、太平洋戦争を顧みる。巻末に伊藤正徳によるエッセイを収録。
206690-8

い-131-1
真珠湾までの経緯
海軍軍務局大佐が語る開戦の真相
石川信吾
太平洋戦争へのシナリオを描いたとされる海軍軍人が語る日米開戦秘話。日独伊三国同盟を支持し対米強硬を貫いた背景を検証。初文庫化。〈解説〉戸高一成
206795-0

い-61-2
最終戦争論
石原莞爾
戦争術発達の極点に絶対平和が到来する。戦史研究と日蓮信仰を背景にした石原莞爾の特異な予見は、日本を満州事変へと駆り立てた。〈解説〉松本健一
203898-1

い-61-3
戦争史大観
石原莞爾
使命感過多なナショナリストの魂と冷徹なリアリストの眼をもつ石原莞爾。真骨頂を示す軍事学論・戦争史観・思索史的自叙伝を収録。〈解説〉佐高　信
204013-7

は-68-1
大東亜戦争肯定論
林房雄
戦争を賛美する暴論か？　敗戦恐怖症を克服する叡智の書か？「中央公論」誌上発表から半世紀、当時の論壇を震撼させた禁断の論考の真価を問う。〈解説〉保阪正康
206040-1

モ-10-1
抗日遊撃戦争論
毛沢東
小野信爾／藤田敬一／吉田富夫訳
中国共産党を勝利へと導いた「言葉の力」とは？　毛沢東が民衆暴動、抗日戦争、そしてプロレタリア文学について語った論文三編を収録。〈解説〉吉田富夫
206032-6

サ-8-1
人民の戦争・人民の軍隊
ヴェトナム人民軍の戦略・戦術
グエン・ザップ
眞保潤一郎
三宅蕗子訳
対仏インドシナ戦争勝利を決定づけたディエン・ビエン・フーの戦い。なぜベトナム人民軍は勝利できたのか。名指揮官が回顧する。〈解説〉古田元夫
206026-5

各書目の下段の数字はISBNコードです。978-4-12が省略してあります。

チ-2-1 第二次大戦回顧録 抄 チャーチル 毎日新聞社 編訳

ノーベル文学賞に輝くチャーチル畢生の大著のエッセンスをこの一冊に凝縮。連合国最高首脳が自ら綴った、第二次世界大戦の真実。〈解説〉田原総一朗

203864-6

ハ-16-1 ハル回顧録 コーデル・ハル 宮地健次郎 訳

日本に対米開戦を決意させたハル・ノートで知られ、「国際連合の父」としてノーベル平和賞を受賞した外交官が綴る国際政治の舞台裏。〈解説〉須藤眞志

206045-6

マ-13-1 マッカーサー大戦回顧録 マッカーサー 津島一夫 訳

日米開戦、屈辱的なフィリピン撤退、反攻、そして日本占領へ。「青い目の将軍」として君臨した一軍人が回想する「日本」と戦った十年間。〈解説〉増田 弘

205977-1

み-11-3 ラバウル従軍後記 トペトロとの50年 水木しげる

漫画界の鬼才、水木しげるが戦時中ラバウルで出会った現地人トペトロ。彼は「鬼太郎」だった……。死が分かつまでの50年の交流をカラー画で綴る。

204058-8

な-52-4 文豪と酒 酒をめぐる珠玉の作品集 長山靖生 編

漱石、鷗外、荷風、安吾、太宰、谷崎ら16人の作家と白秋、中也、朔太郎ら9人の詩人の作品を厳選。酒に託された憧憬や哀愁がときめく魅惑のアンソロジー。

206575-8

な-52-5 文豪と東京 明治・大正・昭和の帝都を映す作品集 長山靖生 編

繁栄か退廃か？ 栄達か挫折か？ 漱石、鷗外、鏡花、荷風、芥川、谷崎、乱歩、太宰などが描いた珠玉の作品を通して移り変わる首都の多面的な魅力を俯瞰。

206660-1

な-52-6 文豪と食 食べ物にまつわる珠玉の作品集 長山靖生 編

子規が柿を食した時に聞こえたのは東大寺の鐘だった？ 潔癖症の鏡花は豆腐を豆府に！ 漱石、露伴、荷風、谷崎、芥川、久作、太宰など食道楽に収まらぬ偏愛的味覚。

206791-2

な-52-7 文豪と女 憧憬・嫉妬・熱情が渦巻く短編集 長山靖生 編

無垢な少女から妖艶な熟女まで。鷗外、花袋、荷風、漱石、谷崎、安吾、太宰らが憧れ翻弄された女性を描く。主人公の生きざまから近代日本の「女の一生」がみえる。

206935-0